LAMP WORKBOOK
PART 3 CE Concentration Enhancement Program

집중력
향상 프로그램

박동혁 저

학지사

수많은 색과 특징을 가진 씨줄과 날줄이 얽히고설켜 옷 한 벌이 만들어지듯이, 학업성취 역시 한 개인이 가지고 있는 다양한 특성들의 복잡한 조합에 의해 결정됩니다. 이 중에는 지능이나 환경 혹은 기질과 같이 비교적 변화의 폭이 좁은 결정적 요소도 있고, 기초학습이나 공부습관 동기수준과 같이 경험에 의해 결정되는 요소도 있습니다. 결국 공부를 잘하고 못하는 것은 이런 요소들이 상호작용한 총량으로서의 학습능력에 의해 좌우되는 것입니다.

그런데 우리가 주목해야 할 보다 중요한 사실은 학업성취는 명백히 '능력'보다 '태도'가 결정한다는 점입니다. 학습 문제를 가지고 있는 많은 학생들은 '능력' 그 자체의 결핍보다는 그 능력을 제대로 활용하지 못하거나 인식하지 못하는 문제를 안고 있습니다. 오늘날 우리가 학습에 있어 가장 중요한 요소로 인식하고 있는 '자기주도적 학습'은 '능력'의 문제가 아니라 '태도'의 문제를 강조하고 있음을 기억해야 합니다.

MLST는 그 변화의 여지를 찾고자 만들어진 검사로, 학습의 능력과 태도에 있어 변화할 수 있는 간격의 크기를 확인해 줍니다. 오른손잡이가 다음 날 왼손잡이가 되는 것 같은 변화는 일어나지 않지만, 연습을 통해 오른손이 하던 일을 더 잘하게 하고 왼손이 못하던 일을 조금 더 할 수 있게 만들 수는 있습니다. 공부습관도 마찬가지입니다. 조금 더 잘하게 만들 수 있는 그것을 하지 않고 있는 것은 아닌지 고민해 보아야 합니다.

'작은' 변화라는 것이 정말 작은 것일까요? 수백수천 번 반복된 습관을 바꾼다는 것은 매우 어려운 일입니다. 하지만 그 작음이 우리의 삶을 바꾸는 계기가 된다면, 우리는 그 작음을 '적극적으로' 찾아야 하고 별것 아닌 것 같은 변화를 위해 '꾸준히' 노력해야 합니다.

이 변화의 과정을 인도해 주는 프로그램이 있다면 변화의 속도는 더욱 빨라질 것입니다. 본 교재의 정식 명칭은 LAMP(Learning Ability Management Program) 워크북이며, 학습전략의 변화를 기본 목표로 구성되어 있습니다. 총 20회기(회기당 2시간 소요)의 프로그램이 크게 5개의 주제로 나뉘어 있습니다. 각 주제는 다음과 같습니다.

I. 동기 및 목표 향상 프로그램
ME 프로그램: Motivation Enhancement

: 동기향상을 위해 장기목표(진로탐색)와 단기목표(성적목표)를 내담자의 상황에 가장 적합하게 결정할 수 있도록 도와줍니다. 구성 내용에는 진로탐색을 위한 자기이해, 진로탐색검사의 활용, 진로의사결정, 진로 포트폴리오 만들기가 있습니다.

II. 시간관리 능력 향상 프로그램
TE 프로그램: Time management Enhancement

: LAMP 플래너를 기반으로 내담자의 목표설정과 실행능력, 계획능력을 향상시키는 다양한 기법을 배우고 훈련합니다. 구성 내용에는 시간관리의 문제점 파악하기, 시간관리의 핵심원칙 이해, 계획표 구성 훈련, 실천력 증진 전략이 있습니다.

III. 집중력 향상 프로그램
CE 프로그램: Concentration Enhancement

: 집중력을 극대화할 수 있는 다양한 기법들을 다룹니다. 구성 내용에는 학습환경의 구성, 수면과 컨디션 조절, 집중향상 전략, 수업 중 집중전략이 있습니다.

IV. 정보처리 능력 향상 프로그램
IE 프로그램: Information process Enhancement

: 상위인지전략(Meta-Cognition)을 기반으로 한 학습전략을 주제별로 다루게 됩니다. 구성 내용에는 노트필기 기술, 책읽기 기술, 기억전략, 기억술이 있습니다.

V. 시험준비 능력 향상 프로그램
EE 프로그램: Examination preparation Enhancement

: 시험을 체계적으로 준비하는 능력을 향상시키기 위한 기법들을 다룹니다. 구성 내용에는 시험준비의 기본 원칙, 시험계획 세우기, 시험불안 줄이기, 오답노트의 활용방법이 있습니다.

2014년 판 안내

2010년 이 책이 소개된 이후 많은 학생들에게 이 프로그램의 내용이 적용되고 검증되었습니다. 또한 학습클리닉 전문가 과정을 통해 현장에서 적용하고 계신 많은 선생님들의 피드백을 통해, 다음과 같이 내용을 수정·보완하여 2014년 새롭게 출간하게 되었습니다.

첫째, 주제의 재구성: 자기주도학습 프로그램의 핵심 구성요소를 재검토하여 기존 프로그램에서 적용 효과가 낮다고 판단된 내용들을 삭제하고, 현장 검증을 통해 확인된 보다 구체적이고 효과적인 내용들로 재구성하였습니다. 이를 통해 전체 프로그램 내용의 약 40% 정도가 수정 및 보완되었습니다. 또한 기존 프로그램의 분량이 다소 많아서 학교 현장에서 적용이 어렵다는 피드백을 토대로 각 회기를 2시간 안에 여유 있게 진행할 수 있도록 핵심 내용 위주로 정리하였습니다.

둘째, 사용의 용이성: 프로그램의 흐름과 역동을 쉽게 이해할 수 있도록, 교사용 지침서의 각 페이지 우측 상단에 해당 과제의 단계를 이니셜로 표시하였습니다. 또한 해당 과제의 적절한 소요 시간을 분 단위로 표시했습니다. 예들 들어, 'A1 10m'라는 표시는 '인식단계의 첫 번째 과제이며 약 10분 정도가 소요됨'을 뜻합니다. 각 단계의 의미는 다음과 같습니다.

① Awareness(인식단계, 교재에는 ❓ 아이콘으로 표시): 해당 주제의 필요성과 문제점을 통찰하는 과정으로 회기 초반에 주로 구성되며 상담적 기법(Counselling)이 적용되는 단계.
② Choose alternatives(대안탐색 단계, 교재에는 ❗ 아이콘으로 표시): 문제점에 대한 인식을 토대로 이에 대한 효과적 해결책을 배우고 이해하는 단계로 회기 중반에 구성되며 교육적 기법(Education)이 적용되는 단계.
③ Take action(연습/훈련 단계, 교재에는 ✅ 아이콘으로 표시): 문제해결을 위한 대안을 적용하고 연습하는 단계로 주로 회기 후반부에 구성되며 훈련 기법(Training)이 적용되는 단계.

셋째, 각 프로그램 관련 이론 추가: 교사나 학습클리닉 전문가가 각 프로그램을 좀 더 깊이 이해하여 학생들의 학습전략의 변화를 이끌 수 있도록 프로그램과 관련한 주요 이론들을 간략하게 정리하여 교사용 워크북에 추가하였습니다.

넷째, 디자인 교체: 구성의 통일감을 높이고 학생들의 흥미를 높이기 위해 전체 삽화를 주제별로 정리해 500여 개 이상의 컬러 일러스트레이션으로 대체하고, 편집 디자인도 재구성하였습니다.

본 교재는 지난 1999년도부터 현재까지 마음과배움 연구진에 의해 수행된 200건 이상의 집단상담과 800례 이상의 개인상담 결과를 토대로 개발, 검증된 내용을 담고 있습니다. 앞으로도 지속적인 개정과 수정을 통해 국내에서 가장 정교한 학습프로그램이 되도록 발전시킬 예정입니다.

마음은 배움의 힘을, 배움은 마음의 힘을 키워 줍니다. 우리는 그 힘을 믿습니다.

심리학 박사 박동혁

CONTENTS

▶ **집중력 향상 프로그램의 이론적 배경**

I 주의 현상에 대한 이해

II 집중력 향상 전략

▶ **집중력 향상 프로그램**

1 집중력 스위치 켜기

집중력 향상 전략

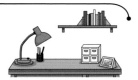

2 집중의 반은 환경에서 결정된다

집중력을 높여주는 공부환경 만들기

3 집중을 위한 비타민! 잠과 휴식
수면과 컨디션 조절하기

4 수업 내용 100% 활용하기
수업 중 집중향상 전략

집중력 향상 프로그램의
이론적 배경

I 주의 현상에 대한 이해

1. 주의 현상의 일반적 개념

주의(attention)는 외부 환경이나 개인 내부의 많은 자극 중 특정한 자극을 분명하게 인지(認知)하거나 특정한 자극에만 반응하는 의식의 활동 및 상태를 말하며, 집중(concentration)은 특정한 과제 혹은 활동에 일정 시간 동안 연속적으로 주의를 주는 것이다. 감각세계에서 주의를 주지 않은 측면은 상실되어 처리되지 않는다. 한 가지 자극이 처리되려면 선택적으로 정보를 처리하고 다른 정보는 무시해야 한다. 즉, 우리를 둘러싸고 있는 환경에는 많은 자극들이 있으며, 뇌는 다양한 자극들을 처리하고자 하는데 그것을 처리할 수 있도록 기본적인 통로를 여는 것이 주의인 것이다.

흔히, 집중력이 좋다는 것은 한 가지 일에 정신적 에너지를 쏟는 것이라 생각하지만, 실제 뇌 메커니즘을 보면, 필요 없는 자극을 걸러내고 무시할 수 있는 힘을 얼마나 가지고 있느냐가 주의집중력의 관건이다. 주의는 동시에 가능한 사고의 대상이나 연쇄처럼 보이는 것들 중 어느 하나를 마음이 소유하는 것으로, 특정한 대상들을 효율적으로 처리하기 위해 다른 대상들로부터 관심을 철회해야 한다. 또한 주의는 인간이 지닌 제한된 용량의 인지자원을 할당하는 과정으로, 감각과 장기기억 및 여러 인지적 과정들을 통해 무수한 양의 정보로부터 제한된 양의 정보를 집중적으로 처리하도록 해 주는 수단이다.

대부분의 사람들이 주의력과 집중력을 혼동하여 사용하고 있으나, 상술하였듯이 둘은 다른 개념이다. 예를 들어, 컴퓨터 게임을 할 때나 TV를 볼 때는 2~3시간을 거뜬히 앉아 있지만 수학 공부할 때는 20분도 앉아 있지 못하는 것을 호소하는 학생의 문제는 무엇일까? 만화책이나 오락에 집중하는 것을 주의력이라고 하고, 수학 과제를 해결하는 것을 집중력이라고 한다면, 주의력의 부족과 집중력의 부족에 따른 치료적 개입 전략은 매우 다르게 진행되어야 한다. 하지만 주의력의 부족을 호소하는 학생의 대부분이 집중력 저하의 문제를 지니고 있기 때문에 같은 맥락에서 검토되기도 한다.

이러한 집중력이 선천적인 것인지 후천적인 것인지 논란의 여지는 있으나 보편적인 주장은 후천적 노력에 의해서 향상될 수 있다는 것이다. 그러므로 후천적 노력이 어떠한 방향으로 진행되어야 하는지를 교사가 이해한다는 것은 매우 중요한 과제다.

1) 제한된 용량: 전경과 배경

책을 열중해서 읽고 있을 때 옆에서 일어나는 다양한 일들을 감지하지 못하는 것처럼, 우리는 경험할 수 있는 모든 것에 주의를 집중할 수 없다. 즉, 우리의 시야에 들어오는 많은 자극 중 일부 자극만이 주의를 받게 되고 나머지 수많은 자극은 주의를 받지 못한다. 이때 주의를 받는 대상을 전경(figure)이라고 하며, 그렇지 않은 대상을 배경(ground)이라고 한다. 이러한 전경과 배경을 동시에 보는 것은 매우 어려운 일이며, 거의 어떤 한 대상이 전경으로 보이면 나머지 대상은 배경으로 보이게 된다. 앞의 사진을 예로 들면, 하얀 영역의 꽃병과 검은 영역의 얼굴을 동시에 보기 힘들며, 꽃병이 전경이 될 때는 얼굴이 사라져 배경이 되고 얼굴이 전경이 될 때는 꽃병이 사라져 배경이 된다. 따라서 주의를 하게 되면 대상의 현저한 특징에 주목할 수 있지만 더 많은 특정 정보들이 간과될 수 있다. 그러므로 하나 이상의 자극이 주의집중을 요구하는 상황에서는 주의를 하나에서 다른 하나로 재빨리 바꾸어야 한다.

2) 선택기제[1]

주의에는 상향처리와 하향처리라는 두 가지 선택 기제가 있으며, 주의 과제는 상향처리와 하향처리 모두를 사용한다. 상향처리(bottom-up processing)는 정보의 흐름이 감각기억에서 장기기억으로 진행되는 과정이며, 하향처리(top-down processing)는 정보의 흐름이 장기기억에서 감각기억으로 진행되는 과정을 말한다. 상향처리는 감각수용기에 등록된 자극들로부터 나온 정보의 중요성을 강조하는 인지처리 유형이고, 하향처리는 개인이 가지고 있는 개념, 기대, 기억의 영향을 강조하는 인지처리 유형이다. 이를 주의의 측면에서 살펴보면, 우리는 환경 속에서 흥미를 끄는 자극이 주의를 사로잡기 때문에 그 대상에 주의를 두어 정신활동에 집중하고(상향처리), 또 다른 때에는 스스로가 목표를 가지고 특정 자극에 주의를 기울임으로써 정신활동에 집중한다(하향처리). 예를 들어 눈앞의 야구공은 그 대상의 특출성으로 인해 주의가 가고, 수많은 군중 속에서 친구를 찾을 수 있는 것은 특정 자극에 주의를 두기 원해서다. 우리가 수업을 듣는 것 또한 상향처리와 하향처리가 조화되어 이루어진다. 생소하고 사전지식이 부족한 내용은 상향처리를 통해 주의가 일어나며, 예습을 통해 오늘 중요한 것이 무엇인지 알면 그와 관련된 내용이 하향처리를 통해 주의가 간다.

2. 주의 과정의 분류

1) 유기체의 능동성에 따른 분류

(1) 수동적 주의(passive attention)
특별한 노력 없이 외부로부터의 감각 정보들이 시각, 청각, 촉각 등 여러 종류의 감각기관과 신경회로를 통해 들어와 뇌의 뇌간 및 시상을 거쳐 의식 활동의 중추인 대뇌피질에 전달되는 과정을 말한다. 이것은 지각(perception)과 유사한 개념으로서 전체적인 주의 과정의 첫 단계로 가능하다. 수동적 주의를 쉽게 끄는 자극의 특성으로는 시각적 자극, 대비되는 자극 및 자기참조적 자극이 있다.

(2) 능동적 주의(active attention)
의식적인 노력하에 외부로부터의 감각 정보들이 선택되고 적극적으로 처리되는 과정을 말한다.

---

1 인간의 행동에 영향을 미치는 심리의 작용이나 원리

능동적 주의 활동이 이루어질 때 우리의 뇌는 외부 감각의 피상적인 특성을 넘어서 그 외부 자극이 담고 있는 의미와 유기체와의 상호작용에 영향을 받으며 정보처리를 진행해 나간다. 능동적 주의에 영향을 주는 요인으로는 학습자의 태도, 과제에 대한 목표 의식과 방향감, 호기심과 내재적 동기 및 자기효능감 등이 있다.

2) 주의집중 대상 수에 따른 분류

(1) 선택적 주의(selective attention)

선택적 주의는 여러 자극(정보) 중 다른 것은 무시하고 한 가지 정보에만 선택적으로 주의를 기울이는 것을 말한다. 우리는 선택적 주의를 통해, 수많은 시각, 청각, 후각, 미각, 촉각 등 다양한 자극들 중 보다 중요한 정보에 더 많은 주의를 할당하여 적절하게 반응할 수 있다.

① 양분청취 과제(dichotic listening task)

선택적 주의를 관찰할 수 있는 대표적인 실험 중 하나가 양분청취 과제다. 양분청취 과제에서는 실험자에게 헤드폰을 착용하게 한 다음, 양쪽 귀에 서로 다른 메시지를 동시에 들려주면서 그중 한 메시지를 따라 말하도록 지시한다. 그러면 실험자는 자연스럽게 한 메시지에만 주의를 주고 다른 메시지는 무시하게 되는데, 이때 재미있는 사실은 실험자가 주의를 기울이지 않은 쪽의 메시지가 영어에서 독일어로 바뀌어도 이를 알아차리지 못하는 경우가 많다는 것이다. 즉, 주의를 주지 않은 메시지는 거의 처리되고 있지 않음을 알 수 있다. 이러한 현상은 일상에서도 흔히 경험할 수 있다. 공부할 때 음악을 듣는 것이 집중하는 데 도움이 된다고 여기는 사람이 많은데, 실제로는 음악을 들으면서 공부하게 되면 주의가 공부와 음악으로 분산되고 선택적 주의가 일어나 하나의 과제에만 몰입하게 되기 쉽다. 그 하나의 과제가 공부이면 다행이지만, 대부분 처음에는 공부하는 내용에 집중하고자 하나 금세 더 흥미 있는 음악에 주의를 기울이는 자신을 발견하게 될 것이다.

② 칵테일파티 효과(cocktail party effect)

칵테일파티 효과는 어떤 사람이 하나의 대화에 주의를 기울이고 있을 때에도 자신의 이름이 근처 다른 대화 속에서 언급되는 경우 그것에 주목할 수 있는 상황을 이르는 말이다. 즉, 칵테일파티 상황처럼 소란스러운 대화 속에서도 자신의 이름이 언급되면 인식할 수 있게 되는 현상을 말한다. Wood와 Cowan(1995)은 실험 참가자의 35%가 무시할 것이라 기대했던 메시지 속에 언급된 자신의 이름을 들었음을 관찰하였다. 이러한 결과는 대부분의 주의를 상대방의 대화에 투여하였다 하더라도 최소한의 주의력은 분할되어 그 외의 주변 정보를 처리하고 있다가 중요한 정보가 있을 시 그쪽으로 주의가 전환될 수 있음을 시사한다. 이렇듯 주의는 중요한 정보를 처리하기 위해 어느 정도는 자연스럽게 분할되는 것으로 보인다.

(2) 분할된 주의(divided attention)

우리는 한 번에 두 개 이상의 메시지에 주의를 기울이기 어렵다. 분할주의에 대한 연구는 사람이 다양한 자극에 동시에 주의를 줄 때 수행이 저조해진다는 것을 보여 준다. 연구에서 사용되는 분할

주의 과제(divided-attention task)는 우리가 가지고 있는 일정량의 주의를 하나 이상의 과제에 나누도록 하기 위해, 사람들이 두 개 이상의 동시적 메시지에 주의하고 필요에 따라 각 메시지에 반응하도록 요구한다. 분할주의의 전형적인 실험 중 하나는, 운전하면서 다른 일을 수행했을 때 나타나는 결과를 분석하는 것이다.

실험 1

대학생들에게 운전시뮬레이터를 사용하도록 지시하여, 운전 중 핸즈프리 휴대전화 사용이 어떤 결과를 가져오는지에 대해서 연구하였다. 참가자들을 운전 중 핸즈프리 휴대전화를 사용한 집단과 사용하지 않은 통제집단으로 나누어, 급작스러운 상황에서 브레이크를 밟기까지 걸리는 시간의 양을 측정하여 비교하였다. 실험 결과, 교통 혼잡이 없는 조건에서는 두 집단 간 차이가 미비하였으나, 교통 혼잡이 있는 조건에서는 핸즈프리 휴대전화를 사용하는 집단이 통제집단보다 유의하게 브레이크를 밟기까지의 시간이 더 오래 걸린 것으로 나타났다.

이렇듯 우리의 지각체계는 몇 개의 분할주의 과제를 처리할 수는 있지만, 너무 많은 것이 요구되면 그 과제들을 다 다룰 수 없고 수행이 저조해진다. 즉, 주의를 분할하여 처리해야 하는 자극이 많으면 많을수록 한 대상에 줄 수 있는 주의 능력은 감소하는 것이다.

물론, 다수의 자극을 동시에 처리하는 일은 상당한 연습을 통해 어느 정도는 가능하나 충분히 연습해서 자동화가 되어야만 가능하며, 자동화가 되어도 완벽하게 몇 가지 과제를 소화하기는 불가능하다. 더구나 과제가 복잡하거나 익숙하지 않을 경우에는 분할주의를 실패할 가능성이 높고, 학습에서는 특히 더 그러하다.

실험 2

대학생들에게 이야기를 눈으로 읽는 동시에 실험자가 불러 주는 무관련 단어를 받아쓰도록 시켰다. 참가자들은 처음에는 읽는 속도가 크게 떨어지고 받아쓰기 필체도 형편없는 등 두 과제를 동시에 수행하는 데 어려움을 보였으나, 6주간의 연습 후에는 읽기만 할 때처럼 받아쓰기를 하면서 책을 읽을 수 있었다. 다만, 회상할 수 있는 단어의 개수는 많지 않았다.

위의 실험을 살펴보면, 겉으로 보기에는 연습과정을 거친 후 두 과제를 완벽히 동시에 해낸 것으로 보이지만, 실상 정보처리에는 한계가 있었던 것이다. 이러한 모습은 가정 내에서도 흔히 접할 수 있다. 자녀들이 TV를 보면서 숙제를 하는 경우가 종종 있는데, 외견상 평소보다 시간이 더 걸리기는 하나 완료하는 데 큰 어려움이 없는 것처럼 보일 수 있다. 그러나 TV나 다른 행동 없이 숙제만 한 경우와 과제의 이해 정도를 비교해 보면, 큰 차이가 나타난다. 즉, TV를 보면서 과제를 완수하는 것은 가능하지만 그 내용을 이해하고 저장하는 인지처리 과정이 제대로 이루어지지 않아, 회상해 낼 수 있는 정보는 얼마 안 될 것이다.

3. 학습과 집중력

학습은 그 자체로 청소년기의 중요한 발달과제일 뿐 아니라 개인의 다양한 영역에서 적응과 밀접하게 관련되어 있어서 학업 성취에 영향을 미치는 요인을 규명하는 노력들이 많이 있었다. 인지주의 심리학자들은 학습 효율성을 높이기 위해서는 학습자의 능동적인 인지활동을 자극해야 하며, 특정사물이나 대상에 적극적·선택적으로 주의를 집중하도록 하는 것은 학습 및 행동을 증진할 수 있는 중요한 관건이 된다고 주장하였다. 이렇듯 주의집중력은 학습장면에서 더 의도적이고 계획적으로 요구되는데, 주로 입력된 정보가 감각등록기에서 장기기억으로 옮겨 갈 수 있도록 돕는 작업기억력에서 필요로 한다.

1) 기억 과정에서 주의의 역할

Atkinson과 Shiffrin는 단기기억과 장기기억이 명백히 상이한 실체라고 주장하면서, 이중저장 모델(dual-store model)을 제시하였다. 이 모델에 따르면 환경에서 전달된 정보, 즉 입력정보는 처음에 감각등록기에 들어가 아주 짧은 시간, 기껏해야 수초 동안 유지된다. 이때 정보가 처리되려면 단기기억으로 이동해야 하며, 단기기억에서 1분 이하로 유지되고 또 장기기억으로 이동해야 그 내용이 오랫동안 기억된다. 단기기억은 정보가 저장되는 것과 더불어 정보를 처리하는 의미에서 작업기억으로도 불린다.

작업기억은 정보가 정신적으로 처리될 수 있도록 그 정보에 주의집중한 후에 짧은 시간 동안 붙잡아 두는 기제로, 우리가 감각등록기에서 작업기억으로 정보를 옮기고자 한다면 그 정보에 주의를 기울여야 한다. 주의를 기울인 정보는 작업기억으로 옮겨 가지만, 주의를 기울이지 않은 정보는 기억체계에서 유실될 수 있다. 따라서 사람들이 전에 배웠거나 경험한 내용을 기억하지 못하는 이유는 그 부분에 주의를 기울이지 않았기 때문이다. 예를 들어, 수업시간에 선생님 강의와 교과서에 집중하지 못하고 멍하니 딴 생각을 하는 학생은, 수업내용이 감각등록기에는 도달하였으나 작업기억으로 옮길 정도로 충분히 처리되지 않아 그 내용을 기억하기 어려울 것이다.

즉, 작업기억에서 주의의 역할은 단지 정보를 잡아두는 것이 아니라 '사고'가 일어나는 기제이기 때문에 주의집중이 필수요소로, 집중되지 않은 정보는 곧바로 상실된다. 이렇듯 작업기억은 감각등록기에서 주의집중을 보증 받은 정보를 확인하고, 좀 더 긴 시간 동안 정보를 저장하고 더 깊이 처리한다. 인간의 용량에는 한계가 있으므로 불필요한 정보에 너무 많은 주의를 할당해서는 안 되며, 자극과 정보의 중요한 측면에 주의를 기울여야 한다.

2) 학습에서 주의 과정의 중요성

위에서 볼 수 있듯이, 주의는 감각등록기의 정보를 선택적으로 기억에 입력하는 심리적 기제이며, 기억이 일어나는 최초의 과정으로 볼 수 있다. 마찬가지로 학습장면에서 주의는 교과 내용을 처음 받아들이고 처리하는 과정으로서, 이후의 인지처리과정의 기초가 된다. 그러므로 주의 능력을 효율적으로 잘 조절할 수 있는지의 여부는 정보처리의 효율성과 기억 및 학습 능력의 향상에 직결된 중요한 문제라고 할 수 있다. 수업시간에 주의집중을 하지 못하는 행동은 학업 실패를 예언하는 변인 중 하나이며, 효율적인 주의 조절능력은 개인이 변화하는 환경과 시간 속에서 자신이 추구하는 목표를 성취할 수 있도록 과제에 집중하고 부정적인 정서를 효율적으로 관리하도록 해 준다.

4. 집중력에 영향을 주는 요인

1) 생물학적 요인

주의력 결핍과 집중력 부족이 생물학적 요인과 관련이 있느냐는 질문에 임상적 처치에서는 의미 있는 설명을 하고 있다. 주의력 결핍의 경우 이 장애가 생물학적 원인으로부터 기인한다는 것은 사실이지만 구체적 발병 요인을 정확하게 설명하지 못한다. 임신 시 태아와 관련된 연구는 주의력 결핍에 대한 의미 있는 연구를 보고하고 있다. 우선 임산부의 영양부족, 임신 기간 중의 흡연, 지나친 스트레스, 조산에 의한 저체중 그리고 난산을 하여 두부에 손상을 입은 경우에 발생 빈도가 높은 것으로 나타났다.

그러나 집중력의 경우에는 주의력 문제와 달리 부모 및 교사가 알아야 할 중요한 등식이 있다. 오스트리아의 연구 결과에 의하면 '집중력 = 스태미너 = 호흡력'이라고 한다. 예를 들어, 호흡기 질환이 있는 학생이 책상에 오래 앉아 학습을 한 후 두통을 호소하는 경우를 볼 수 있다. 때문에 교사는 집중에서의 어려움을 겪는 학생이 알레르기성 비염 혹은 축농증 그리고 기관지 관련 질병이 있는지 확인할 뿐만 아니라 부모와의 면담 시 생물학적 요인과 관련한 가족력에 관해서도 질문을 하고 구체적인 문제가 발생했을 경우에는 전문가의 도움을 받도록 도와주어야 한다.

2) 물리적 환경 요인

집중력은 환경구성에 의해 크게 좌우되기 때문에 학생의 공부방 구조, 색상, 조명의 깨끗함, 단순성 등에 의해 집중력은 영향을 받게 되어 있다. 학생의 공부방이 형형색색 완구나 장난감으로 차 있다면 공부에 몰두하기 어렵다. 특히 책상 위에 만화책, 게임팩 등의 물건이 널려 있다면 학습에 집중하기 어렵다. 교사(또는 부모)가 고려해야 할 또 다른 요인은 책상의 배치와 구조다. 일반적으로 학습자는 오른쪽이나 정면이 막혀 있는 것을 힘들어하기 때문에 책꽂이는 왼쪽에 배치하는 것이 집중력을 높이는 데 도움이 된다. 방의 전체적인 분위기는 학습을 하는 데 방해가 되지 않는 파스텔 톤 색조를 유지하면서 조명도 적정한 밝기를 유지하는 것이 중요하다.

3) 심리적 환경 요인

대부분의 학습자는 지금까지의 학습 경험을 통해서 긍정적인 결과보다는 실패 경험을 많이 했기 때문에 학습에 대한 부정적 자아개념이 형성되고 있다. 때문에 학습을 시작하기 전부터 '공부해 봐야 또 안 될 텐데!'라는 사고가 만연되어 있어 다소간 학습무기력증을 나타내고 있다. 공부에 대한 과잉 스트레스로 인해 야기되는 부담감은 학습 집중력을 저해한다. 화장실에 있는 과학 잡지는 흥미 있게 읽으면서 과학교과서에 부담감을 느끼는 이유도 같은 논리로 설명될 수 있다. 특정 과목에는 흥미가 많으면서도 유독 싫어하는 교과목이 있다면 대부분 교과와 관련된 심리적 요인이 크다.

4) 학습전략 요인

학습전략이란 학생이 공부를 하기 전에 마음속으로 계획을 세우고, 자신이 계획한 방법으로 학습을 진행하며, 공부를 마친 후 학습목표에 비추어 평가하는 전략을 말한다. 학습을 시작하기 전 초인지 전략에 의한 학습 자기교시 지시문을 자기–학습에 응용하는 것은 매우 의미가 있는 학습전략이다.

자기 교시 지시문의 예

이제부터 수학문제를 풀어야지.
4시니까 5시 30분까지 참고서 25쪽에서 35쪽까지 풀어야지.
쉬운 문제부터 풀고 어려운 문제는 다른 문제를 다 풀고 천천히 풀어야지.
풀다가 싫증이 나면 이 과제를 끝낸 후 내가 좋아하는 농구를 해야지.
그러나 나는 잘 참고 끝까지 할 수 있을 거야.

학습을 끝낸 후에는 다음과 같은 지시문을 따라 한다.

내가 오늘 공부한 내용은 무엇이었지?
계획한 대로는 다 끝냈는가?
끝내지 못했다면 그 이유는 무엇 때문인가?
어제보다 오늘이 성공적인 학습이었는가?

이 같은 학습전략은 학습을 시작하기 전후 자기–동기화를 함과 동시에 자기–평가를 스스로 할 수 있게 함으로써 학습의 효율성을 높일 수 있다.

5. 주의력 결핍 및 과잉행동 장애(ADHD)

1) ADHD란

'주의력 결핍 및 과잉행동 장애(attention-deficit/hyperactivity disorder: ADHD)'는 매우 산만하고 부주의한 행동을 나타낼 뿐만 아니라 자신의 행동을 적절히 통제하지 못하고 충동적인 과잉행동을 나타내는 경우를 가리키는 말이다. ADHD 아동은 또래 아동에 비해 현저하게 부산하고 충동적인 행동을 나타내기 때문에, 가정이나 학교생활에서 커다란 어려움을 겪게 된다.

정신과적 진단 기준에서의 유병률은 학령기 소아에서 3~5%로 평가되며, 우리나라 초등생의 추정치는 최대 15%까지 보고되고 있다. 2005년 서울대학병원에서 조사한 서울시 소아청소년 정신장애 유병률 연구결과에서는, ADHD가 13.25%로 높은 유병률을 나타내어, 한 학급당 2~4명 정도라고 볼 수 있다.

2) ADHD의 두 가지 핵심 특징

ADHD의 주된 특징은 부주의, 충동성, 과잉행동이다. 이러한 특성은 어린 아동이 일반적으로 나타내는 것이지만, 성장하면서 줄어들게 되며, 나이에 비해 이러한 부적응적 행동들이 두드러지는 경우에 진단될 수 있다.

(1) 부주의
- 정신적인 노력이나 주의를 유지하는 것이 어렵다.
- 요구나 지시에 집중하는 것이 어려워 이를 따르기 어렵다.
- 특히 재미없는 과제나 새로운 학습에서 주의를 기울이는 데 어려움이 많다.
- 선택적 주의, 주의용량, 지속시간 중 하나 이상에서 문제를 보인다.

(2) 과잉행동-충동성
- 자신의 즉각적 반응을 억제할 수 없고, 행동하기 전에 생각하지 않는 것처럼 보인다.
- 질문이 끝나기 전에 부적절한 답을 말하고, 반응이 너무 빈번하며, 기다리지 못한다(반응 억제의 어려움).
- 에너지 수준이 매우 높은 것처럼 보이지만 주어진 일을 완수하지 못한다.
- 운동반응을 억제하도록 요구받았을 때 과잉행동은 심해진다.

3) ADHD와 학습

ADHD 진단을 받은 아동은 집이나 학교에서 가만히 앉아 있지 못하고 지나치게 많이 움직이고 부산하다. 또한 정상아동에 비해 주의지속시간이 짧기 때문에, 학교에서 수업내용에 집중하지 못하고 쉬이 지루해하며 교사의 지시를 따르는 데 어려움이 많다. 교사의 지적을 받기 쉽고 문제아

소리를 듣는 경우도 생긴다. 이러한 특성으로 인해, ADHD 아동은 지능수준에 비해 학업성취도가 저조하고, 또래에게 거부당하거나 소외될 가능성이 높다. 즉, ADHD는 학업부진, 대인관계에서의 문제 등 이차적인 문제를 일으키기 쉬우며, 더불어 부정적인 자아개념을 형성하고 정서적으로 불안정하고 공격적인 행동을 나타내는 경우도 많다.

특히, 학습문제를 동반한 ADHD 아동의 예후가 그렇지 않은 ADHD 아동보다 더욱 심각하다. 많은 종단적 연구 결과를 살펴보면, ADHD 아동의 학업문제가 청소년까지 지속되어 대인관계의 부적응, 학업에 대한 의욕저하 및 학습장애, 고질적인 성취저하로 학교 중퇴로 이어지며 좌절감과 부정적인 자아상, 낮은 자존감을 형성하게 된다는 점을 알 수 있다. 또한 초기의 학업문제나 사회적 부적응 때문에 아동의 1/2 이상이 학교에서 중도탈락하고, 40%가 특수교육을 받으며, 1/3 이상이 고등학교 졸업에 실패하는 등 학교 적응에 어려움을 겪고 있었다. 이러한 학습문제는 청소년 비행, 군대에서의 부적응, 직장에서의 해고, 범죄행위 등과 높은 상관관계를 보였다.

II 집중력 향상 전략

1. 집중력 향상에 대한 오해

1) 약물과 집중력

최근, ADHD 치료제 '염산메틸페니데이트' 성분의 약이 잠을 쫓고 집중력을 높여 주는 이른바 '공부 잘하는 약'으로 둔갑하여 무분별하게 처방되어 사회적 이슈가 되었다. 메틸페니데이트 (methylphenidate: MPH)는 ADHD의 치료에 가장 흔히 사용되는 약물로서, 승인된 향정신성의약품 리탈린, 코서타, 페니드 등의 이름으로 판매된다. 메틸페니데이트는 노아모노아민 수송체에 작용하여 도파민과 노르에피네프린의 재흡수를 억제하는 각성제로서 중추신경계의 활동을 증가시킨다. 이로 인해 선택하고, 집중하고, 정신을 다른 곳으로 돌리는 것을 차단하고 행동을 하기 전에 생각을 할 수 있게 된다. 또 각성 효과를 증진하거나 유지하며 피로를 방지하거나 주의력을 향상시키는 효과가 있다.

그러나 이 약품이 남용될 경우 중독의 위험이 크며, 장기복용 시 신경과민, 졸음, 불면증 등의 부작용이 있다. 메틸페니데이트뿐 아니라 모든 약물에는 부작용과 효능이 같이 있다. 따라서 약물 복용 전후에 발생하는 부작용에 대해서는 투약을 하는 의사 선생님과 면밀히 상의해서 부작용을 최소화하면서 약물의 효과를 극대화해야 할 것이다. ADHD의 치료를 위해서 사용되는 약물들의 일반적인 부작용은 다음과 같다.

- **식욕부진**: 약물투여 초기에 가장 흔히 나타나는 부작용 중의 하나로, 많은 부모들이 식욕부진으로 인한 성장의 지연이나 발육에 지장을 주지나 않을까 걱정하지만 약물복용 자체가 성장에 지대한 영향을 줄 정도는 아니며 약물투여 초기에 나타나는 식욕부진은 시간이 경과하면서 해소되는 경우가 많다. 식욕부진이 심한 경우에는 약물의 투여량을 줄이거나, 식욕촉진제를 병용 투여할 수 있으며, 오후 시간대에 고칼로리 고단백이 함유된 간식을 주는 것도 해결책이 될 수 있다.
- **두통, 복통**: 약물투여 초기에 나타나나 시간이 경과하면서 없어지므로 그리 걱정할 필요는 없으나 약물투여를 하고 있는 선생님에게 알릴 필요는 있다.
- **우울함, 예민함, 짜증 등의 기분이나 감정 변화**: 약물복용 이후로 예민해지거나 오히려 기분이 처지는 듯하다는 보고를 많이 한다. 이는 부작용의 하나로, 약물을 줄이거나 작용시간이 긴 약물을 투여함으로써 해결할 수 있다. 다만 약물에 의해 의기소침해지거나 우울해하는 경우는 약물이 진정작용을 일으켜서 그러는 것은 아니므로 다른 정신과 약물에 의한 부작용처럼 인식할 필요는 없다. 많은 학교 선생님이나 특수교사들이 싫어하는 약물의 부작용 중의 하나이나 약물의 투여량이나 복용시간대를 조절함으로써 해소되는 부작용이니 약물이 도움이 된

다면 이런 부작용 때문에 투여를 중단할 필요는 없다.

- 수면장애: 약물이 체내에 남아 있는 동안 잠자는 시간대가 늦춰지는 경우가 있다. 그런 경우, 수면습관을 재조정해 보고 그래도 안 되면 약물의 양을 조절하거나 수면을 돕는 항우울제 계통의 약물을 먹는 경우가 간혹 있다. 요즈음에는 수면에 방해가 되지 않는 주의집중력 약도 있으니, 기존 약물에 의한 수면장애가 심각하다면 약물 변경을 고려할 수 있다.
- 어지러움이나 구토 등의 위장장애: 어지러운 경우는 수분섭취량을 늘이는 것이 한 방법이며, 오심이나 구토 등의 위장장애 등은 시간이 경과하면서 해소되므로 아이에게 약물 부작용에 대해 사전교육을 해 주는 것이 좋다.

앞 장에서 설명하였듯이 집중력의 부족은 생물학적인 요인에서만 기인하는 것이 아니며, 집중력이 부족한 아이들이 모두 ADHD로 진단받는 것도 아니다. 따라서 약물치료 이전에 학생의 집중력 저하의 원인에 대해 정확하게 평가하고 진단하는 것이 중요하다.

2) 뇌파와 집중력

뇌파는 신경계에서 뇌신경 사이에 신호가 전달될 때 생기는 전기의 흐름으로 심신의 상태에 따라 각각 다르게 나타나며 뇌의 활동 상황을 측정하는 지표다. 우리가 흔히 아는 뇌파는 α파, β파, γ파가 있다. 이 중 집중력에 영향을 주는 부분이 16~20Hz의 신호의 Mid−β파와 21~30Hz의 β파다. 감각운동리듬(Sensory Motor Rhythm: SMR)파와 Mid−β파의 대역이 높으면 뇌는 집중하려고 하는 것이지만, θ파가 같이 높으면 집중력이 떨어지게 된다.

뇌파를 측정할 수 있는 기술이 대중화되면서, 뉴로피드백을 통해 뇌파를 조절, 유도하여 집중력을 향상시키는 방법이 주목받고 있다. 주로 α파 발생을 유도하여 심신을 안정된 상태로 이끌어 공부하는 데 최적의 상태를 만들고, θ파를 감소시키고 SMR파와 β를 증가시켜 집중을 유도한다는 것이다. 실제로 뇌파 조절을 통해서 집중력, 기억력 등에서 통계적으로 의미 있는 향상을 보인다는 연구 결과들이 나타나고 있다.

문제는 뉴로피드백은 아직 지속적으로 새로운 방법이 출현하고 기기가 발전되어 가고 있는 학문이라는 것이다. 현재 우울증, ADHD 치료, 학습, 집중력 향상 등의 분야에서 넓게 쓰이기는 하지만 정확한 효과검증과 안정성이 입증된 장비 중 우리나라에서 확인된 장비는 두 가지며 모두 의료용 장비로 분류되어 병원 이외에는 납품이 되지 않고 있다. 또한 이들 기기 역시 효과의 개인차가 큰 편이며, 뇌파를 인위적으로 유도할 수 있는가에 대한 논란 역시 여전히 계속되고 있다. 때문에 이런 기기를 사용한다고 해서 학생의 집중력이 획기적으로 향상될 것이라는 기대는 바람직하지 않다.

뇌파의 분류

주파수 대역(Hz)	주파수명	특징
0.1~3	δ파	깊은 수면 상태나 뇌 이상 상태
4~7	θ파	수면 상태
8~12	α파	이완 및 휴식 상태
12~15	SMR파	주의 상태
16~20	Mid-β파	집중, 활동 상태
21~30	β파	긴장, 흥분 상태, 스트레스 상태
30~50	γ파	불안, 초조 등 강한 스트레스 상태

2. 효과적인 집중력 향상 전략

주의집중에 결함을 야기하는 원인과 주의집중 능력에 영향을 미친다고 보이는 변인들을 기초로 다양한 전략들이 연구되었다. 이러한 내용들을 자세히 살펴보자.

1) 학습 환경의 재구성

주의집중이라는 것은 환경에 존재하는 많은 자극 가운데, 불필요한 자극에 주의를 두지 않고 더 의미 있고 중요한 자극에 주의를 기울이는 것이다. 가급적이면 자신이 속한 환경에 불필요한 자극이 적은 것이 좋다.

(1) 학습 장소는 오직 학습의 용도로만 사용해야 한다.

환경자극은 행동과 조건형성될 수 있다. 예를 들어, 책상에서 공부보다는 컴퓨터 게임을 하거나 만화책을 보는 일이 많다면, 공부하려고 책상에 앉아도 이전의 경험들 때문에 자연스럽게 컴퓨터를 켜거나 만화책을 펴기 쉽다. 이렇듯 학습장면에서도 특정 자극이 우리의 행동 및 반응과 연합되어 학습에 집중하는 것을 방해할 수 있으므로, 학습 장소에서는 오직 학습만 하도록 하자.

(2) 시각적 유혹을 줄인다.

우리는 환경을 지각할 때 시각에 많이 의존한다. 학습을 할 때도 마찬가지로, 주변 환경에 학습과 관련된 자극 외 시각적 자극가가 높은 자극이 있다면 그 대상에 주의를 빼앗기기 쉽다. 따라서 공부하기 전, 집중에 도움이 되고 학습에 필요한 것과 집중에 방해가 되고 공부와 상관없는 것들을 구분하여 정리하는 등, 시각적 방해물을 탐색하고 차단하는 습관을 기르자.

(3) 학습 시 심각한 방해물인 소음을 줄인다.

소음 또한 학습하는 데 방해 자극이 될 수 있다. 학습하는 장소에서 다른 사람들이 떠들거나 시끄럽게 공사하는 소리가 들린다면, 책에만 집중하기 힘들 것이다. 따라서 학습하기 전에 소음을 방지하고 소음이 없는 곳에서 공부하는 노력을 기울여야 한다.

(4) 음악을 듣지 않는다.

공부하면서 음악을 듣는 것은 일종의 분할주의 과제로, 음악보다는 대개 학습내용이 손상된다. 따라서 학습할 때는 학습과 관련된 자극에만 주의를 기울일 수 있도록 환경을 조성하자.

(5) 적절한 조명을 사용한다.

조명은 밝고, 균일하고, 안정적이어야 한다.

2) 동기와 계획의 중요성

사람은 자신에게 중요하고 의미 있는 일에 주로 주의를 기울인다. 따라서 집중을 잘하려면 먼저 뚜렷한 목표와 그에 따른 시간관리를 해야 한다. 목표는 내게 지금 가장 중요한 일이 무엇인지 알려 주어 우리가 특정한 방향으로 행동하도록 동기화하는 역할을 한다. 또한 목표에 따라 시간계획을 세우게 되면 의사결정 없이 바로 학습을 시작할 수 있다. 따라서 목표를 세우고 그에 따라 시간계획을 실천하게 되면, 학습과정에서 느낄 수 있는 과도한 불안과 긴장을 낮출 수 있고 시간을 효율적으로 사용하게 되어 적절한 놀이와 휴식도 가능하다.

한 가지 주의할 점은, 현실적인 수준에서 목표를 설정해야 한다는 것이다. 너무 어렵거나 지켜야 할 것이 많은 목표는 실천하기 어렵고 오히려 불안을 촉발하여 수행을 떨어뜨릴 수 있으며, 반대로 너무 쉬운 목표는 금방 지루함을 유발할 수 있다.

3) 잡념의 감소 전략

책에 주의를 기울이려고 하지만 자꾸 다른 생각이 떠올라 집중에 방해를 받았던 경험을 누구나 해 보았을 것이다. 이때 적용해 볼 수 있는 효과적인 방법이 있는데, 바로 자기모니터링(self-monitoring)이다. 자기모니터링은 자신의 인지 및 행동에 대해 자각할 수 있는 능력을 말하며, 메타인지 관련 이론가들은 이러한 자각을 통해 행동의 변화가 가능하다고 주장하고 있다. 주의 과정에서도 마찬가지로, 스스로 주의가 산만해지고 있다는 것을 알아차림으로써 다시 주의를 집중할 수 있다.

Meichenbaum(1977)은 연구를 통해, 성인은 자신의 주의과정에 대해 모니터링을 하면서 주의가 흩어졌을 때 다시 주의를 교정하지만, 충동적인 아동은 자신의 주의과정을 분석하지 못하는 것을 관찰하였다. 이러한 아동에게, 과제를 수행하면서 문제해결과정을 소리 내어 말하는 자기교수과정을 보여 준 다음(예: 3+5×2 문제 – "자, 문제를 풀기 위해 내가 먼저 해야 하는 일은 무엇일까? 먼저 이 문제가 어떤 문제인지를 이해할 필요가 있겠지. 아~ 이 문제는 덧셈과 곱셈이 같이 있는 거구나. 먼저 곱셈부터 해야겠다. 5와 2를 곱하면 10이고 그런 다음 3을 더해야지. 답은 13이구나. 다시 한 번 확인하자."), 같은 방식으로 과제를 수행해 보도록 지시하였다. 그 결과 아동이 자발적으로 내적 언어를 통해 자신의 수행을 점검하며 과제를 수행하는 행동이 늘어남을 알 수 있었다. Hallahan(1979) 역시 비슷한 연구결과를 얻었다. 주의집중에 어려움이 있는 학습장애 아동을 대상으로 주의과정에 대한 자기감시 훈련을 실시하였다. 훈련을 꾸준히 한 결과, 학생들은 과제를 수행하는 데 있어 주의집중 행동이 늘어났을 뿐 아니라 학업수행에 대해서도 긍정적인 변화가 나타났다.

이렇듯 자기모니터링 기법을 사용하는 것은 주의집중에 도움을 줄 수 있다. 학습 시 간단하게 사용할 수 있는 방법 중 하나는, 백지 한 장을 준비하고 딴 생각이 날 때마다 종이에 그 횟수를 기록하는 것이다. 우리는 수행을 할 때, 얼마나 많은 잡념이 드는지, 또 얼마나 오래 잡념에 빠져드는지 모를 때가 많다. 이때 이러한 자기 모니터링 기법을 사용하면 집중이 흩어지는 시간과 원인을 이해하는 데 도움을 주기 때문에, 이를 스스로 조절하려는 능력이 강화된다.

4) 교실에서의 집중 향상

아동의 경우 성인보다 주의시간이나 폭이 현저히 짧으므로, 다음에 제시되는 전략이 도움이 된다.

- 주제의 제시 방식을 다양화한다.: 매일 같은 주제를 같은 절차로 제시하는 것은 지루함을 유발한다.
- 잦은 휴식시간을 갖는다.: 주의를 기울이는 데는 한계가 있으므로, 지속적으로 주의를 유지해야 하는 학습 장면에서는 반드시 중간에 휴식을 취해야 한다. 초등학생의 경우 잦은 휴식은 이후 집중력을 증가시킨다.
- 학습할 내용과 관련된 질문을 자주 한다.: 그날 배울 내용에 대해 사전지식을 묻는 질문을 하거나 OX 퀴즈를 제시하여 아이들의 호기심을 불러일으킨다.
- 어리거나 산만한 아동의 경우, 교사 가까이에 앉힌다.
- 행동 모니터링을 할 수 있도록 도움을 준다.: 학생이 선생님이나 책과 같은 학습도구에 주의를 기울이고 있는지의 여부를 선생님의 행동을 통해 확인하고 체크할 수 있도록 지도한다.
  예) 시선접촉, 선생님에게 주목 잘하는 친구들에게 칭찬하기

3. 수면과 집중력

1) 수면부족의 영향

수면은 인간의 인지적, 행동적, 정서적 측면에 중요한 영향을 미친다. 특히, 수면부족은 인지기능의 기본이 되는 주의(attention), 작업 기억력(working memory) 등의 저하, 신진대사 호르몬(metabolic hormone)의 균형 파괴, 면역력 저하, 수명 저하뿐 아니라 인지력 저하로 인한 안전사고 증가 등을 야기하는 것으로 밝혀졌다. 또한 수면부족은 학업수행과 정서적 안정뿐만 아니라 비만과 ADHD 급증에도 영향을 미치고 있고 십대 청소년기의 우울증과 과식 등과도 연관이 있는 것으로 나타났다. 펜실베이니아 대학교의 David Dinges 박사는 성인의 수면시간을 하루 6시간까지 줄

이는 실험을 진행하였는데, 2주 후 참가자들 모습은 나름대로 괜찮았지만, 실험이 진행될수록 하루 24시간을 꼬박 자지 않은 사람과 같은 상태가 되었다. 이렇듯, 수면부족은 인간의 행동, 정서 및 인지에 영향을 주어 주간 기능을 저하시키는 등 개인의 삶과 안녕에 위험을 초래하는 요인이 될 수 있다. 수면이 부족할 때 나타나는 문제점들에 대해서 자세히 살펴보도록 하자.

(1) 수행

미국 하버드대학교 의과대학의 Radhika Basheer 박사는 쥐를 대상으로 세포의 에너지 흐름(energy currency)을 나타내는 아데노신3인산(ATP)을 측정하였다. 그 결과 수면의 초기단계인 non-REM 수면에서 뇌의 세포 에너지가 급증한다는 사실을 발견하였으며, 이러한 결과는 뇌에 에너지를 충전하는 ATP 상승에 반드시 일정량의 수면이 필요함을 시사한다. 우리의 뇌는 수면 중 낮에 쓸 에너지를 충전하는 것으로 보이므로, 수면부족은 다음날 일의 능률 및 학습능력을 현저하게 감소시키는 것으로 생각된다.

(2) 정서

수면부족은 정서에도 영향을 미친다. 기억에 얽힌 감정적인 요소는 기억이 어디에서 처리되느냐와 관계가 있는데, 부정적인 자극은 편도에서 처리되고 긍정적이거나 중성적인 기억은 해마가 처리한다. 그런데 수면이 부족하면 편도보다 해마에 더 큰 타격을 주기 때문에, 수면이 부족한 사람은 즐거운 기억을 떠올리지 못하고 우울한 기억만 자꾸 생각하게 된다. 이와 관련된 실험을 살펴보면, Matthew Waller 박사는 잠을 덜 잔 대학생들에게 일련의 단어들을 외우게 했는데, 참가자들은 '암'과 같은 부정적인 의미를 함축하고 있는 단어는 81%를 기억했지만, '햇빛'이나 '바구니' 같은 긍정적이고 중성적인 의미의 단어는 겨우 31%만 기억할 수 있었다.

또한 캔터기 대학교의 대너 박사의 연구에 따르면, 고등학교 1학년의 60%가 평균 수면시간이 8시간이었는데 2학년이 되면서 그 비율이 30%로 줄자 기분 또한 하락세를 보였다. 게다가 수면시간이 8시간 이하로 떨어지자 치료를 요하는 우울증의 비율이 두 배가 되었으며, 8분의 1 이상이 심각한 정도의 우울증을 보였다. 이와 비슷한 연구결과로, 미국 컬럼비아대학교 메디컬센터에서 1990년부터 10년 동안 수집한 12~18세 청소년 1만 5천500명의 자료를 분석한 결과에서는, 자정이 넘어서 잠드는 청소년들이 오후 10시 이전에 자는 청소년보다 우울증에 걸릴 확률이 24% 높았다. 또 하루 5시간 이하로 자는 청소년들은 8시간을 자는 청소년보다 우울증에 걸릴 위험이 71%나 높은 것으로 조사되었으며, 자살을 생각할 확률도 자정 이후에 자는 청소년이 오후 10시 이전에 자는 청소년보다 20% 많았고, 5시간 이하로 자는 청소년은 8시간을 자는 청소년보다 48% 많은 것으로 나타났다. 이러한 연구결과들을 근거로 하여, James E. Gangwisch 교수는 수면부족이 감정을 조절하는 뇌 반응에 영향을 주고 일상적인 스트레스에 대처하는 능력을 떨어뜨려 감정기복이 심해지게 만든다고 주장하였으며, 많은 학자들은 현재 청소년기의 대표적인 특징인 우울, 충동, 의욕 저하 등이 만성적인 수면부족의 증상이기도 하다는 점을 강조하였다.

2) 수면과 학습

수면 연구자들은 조금의 수면 차이가 학업 성취도에 커다란 차이를 낳는다는 사실을 지적하였으며, Paul Suratt 박사는 '수면장애는 납에 노출된 것만큼 아동의 지능을 해칠 수 있다.'는 점을 경고하였다.

MRI 단층촬영을 통해 수면부족이 아동의 두뇌에 어떤 해를 끼치는지를 알아보는 연구들이 많이 실시되었다. 피곤한 아이들이 방금 배운 것도 기억하지 못하는 것은 뉴런의 유연성이 상실된 결과로, 기억을 기호화하기 위해 필요한 시냅스의 연결을 형성하지 못하기 때문이다. 이러한 구조적 차이는 수업시간에 집중하지 못하는 원인이 되기도 한다. 수면이 부족하면 혈류에서 포도당을 추출하는 신체기능이 약화되고, 기본적인 에너지원이 돌지 못하면 두뇌의 한 부분인, '실행 기능'을 책임지는 전전두엽이 원활히 활동하지 못한다. 실행기능에는 목표를 성취하기 위한 생각의 체계화, 결과의 예측, 행동의 결과 인식 등이 있으며, 그래서 피곤한 사람들은 충동을 잘 조절하지 못하고, 공부와 같이 추상적인 목표보다 즉각적인 만족감을 주는 활동들에 주의가 쉽게 끌리는 것이다. 또 피곤한 상태에서 뇌는 정체 상태에 빠져 오답을 고르기도 하며 창의적이고 다양한 해결책을 생각해내지 못해 이미 틀린 것을 알면서도 계속 오답을 고르는 모습을 나타낸다. 이러한 특성이 낮 동안의 학습능력을 저하시키는 것으로 보인다.

그뿐만 아니라, 수면부족은 잠을 자고 있을 때 두뇌에도 영향을 미친다. 캘리포니아 대학교 Matthew Waller 박사는 잠을 자는 동안 두뇌는 그날 학습한 내용을 보다 효율적인 저장 영역으로 옮긴다고 설명하였다. 이때 수면의 단계별로 각자 고유한 역할을 하며 기억을 포착해 낸다. 예를 들어, 외국어를 배울 때는 어휘도 배워야 하고 새로운 발음을 음성으로 기억해야 하며, 새 단어를 정확히 발음하기 위해 동작기술도 습득해야 한다. 어휘는 깊은 잠인 '서파 수면' 단계 동안 해마에서 합성되며, 발음을 위한 동작기술은 'non-램수면' 단계 동안 처리되고, 음성기억은 모든 단계에 걸쳐 기호화된다. 감정이 실린 기억은 '램수면' 단계에 처리된다. 따라서 낮 동안 많은 것을 배웠다면 그날 밤은 더 많이 자야 하는 것이다.

이러한 기억들을 굳건히 만드는 특정 유전자들이 수면 중에 활동하는 것으로 보이며, 그중 하나는 시냅스의 유연성과 신경 연결의 강화를 위해 반드시 필요한 것이다. 두뇌는 낮 동안에도 일부 기억을 합성하지만, 기억은 밤 동안 더 많이 만들어지고 공고화된다. 아이는 수면의 40% 이상을 서파수면 단계에 머무르며, 이는 성인 서파수면시간의 열 배에 해당하는 수치로 아이 수면과 성인수면은 질적으로 다르다고 볼 수 있다. 밤 동안 충분한 수면을 취해야 어휘와 역사연표 등 세세한 사실들을 제대로 익히고 기억할 수 있으며, 학생 때의 적절한 수면이 강조되는 이유가 이 때문이다.

3) 수면 관리

미국수면협회(National Sleep Foundation)가 실시한 설문조사에 따르면, 미국 부모의 90%는 자녀가 충분한 수면을 취하고 있다고 생각하였으나, 정작 학생들은 그렇지 않았다. 고등학생의 60%가 낮 시간에 지독한 졸음에 시달린다고 응답하였고, 그중 4분의 1은 그 때문에 성적이 떨어졌다고 생각하였다. 연구에 따라 차이가 있겠지만, 20~33%의 학생들이 최소한 일주일에 한 번은 수업시간에 꾸벅꾸벅 존다고 나타났으며, 청소년의 절반 정도가 평일 수면시간이 일곱 시간도 안 되는 것으로 관찰되었다. 국내에서도 청소년 2000명을 대상으로 청소년 수면 시간을 조사했는데, 평균 수면시간이 중학생은 6.7시간, 고등학생은 5.6시간에 해당된다. 특히, 우리나라는 4시간 자면 입시에 합격하고 5시간 자면 불합격한다는 사당오락(四當五落)과 같은 근거 없는 속설까지 유행하면서 고학년으로 올라갈수록 수면시간을 줄이려는 경향이 두드러진다.

수면은 지구상의 모든 종에게 생물학적 필수사항이다. 그러나 인간은 수면을 신체적인 필요사항으로 보기보다 하나의 개인적 특징으로 바라보는 경향이 있다. 잠은 피로를 인정하는 약함의 징표로, 잠에 굴복하지 않는 것은 강함의 징표로 생각하는 것이다. 그러나 잠을 줄여서 얻는 이익보다는 잃어버리는 것들이 더 많을 수 있다. 위에서 살펴본 것처럼 수면부족은 만성피로, 학습능력의 저하뿐만 아니라 정신 건강까지 해칠 수 있으며, 충분하고 건강한 수면은 단순한 피로회복 이상으로 신체의 기능과 정신적 건강을 회복시킬 뿐 아니라, 새로 습득한 정보를 정리하고 기억하는 데 중요한 기능을 한다. 이처럼 수면은 인간의 정신적, 신체적 건강과 과제 수행에서 중요한 요인이므로, 충분한 수면의 양을 확보하는 노력이 필요하다. 아래에는 수면에 도움이 되는 지침들이 제시되어 있다.

- **적어도, 6~8시간의 수면을 취하도록 노력하라.**
  미국수면협회(National Sleep Foundation)가 권하는 청소년 수면시간은 8~9시간이며, 대한 수면협회에서 권장하는 수면시간은 6~8시간이다. 특히, 청소년들은 저녁 11시부터 잠자리에 들어 아침 6~8시에 일어나는 것이 좋다. 사춘기 이전의 아동과 성인들은 날이 어두워지면 두뇌에서 멜라토닌이 생산되면서 자연스럽게 졸리게 되지만, 사춘기가 되면 두뇌에서 90분 동안 멜라닌을 분비하지 않아 밤 10시에 잠자리에 들어도 쉬이 잠이 오지 않는다. 또한 청소년은 새벽에 깨어나도 두뇌에서 여전히 멜라토닌을 분비하고 있어 등교 후 1교시가 되어도 다시 졸립게 된다. 따라서 새벽시간을 활용하여 공부하기보다, 아침에 충분히 자고 상쾌한 기분으로 공부하는 것이 더 효과적일 수 있다.
- **잠들기 전 불안을 줄이자.**
  불안하거나 긴장하게 되면 신경계, 근육 등 모든 것이 초비상 상태가 되며, 이러한 상태에서는 편하게 잠들기 힘들다. 그러므로 그 날의 스트레스나 해야 할 일에 대한 고민 등 불안하게 만드는 생각들을 잠자리에서 하지 않는 것이 좋다 .
- **잠자기 전에는 과도한 자극을 피하라.**
  잠자기 전 TV, MP3, 휴대폰 사용은 금물이다. 소음은 청각을 자극하게 되고 우리의 뇌를 깨우기 때문에 수면을 방해하게 되며, 많은 경우 불면증을 겪게 된다. 따라서 수면 전에 뇌를 자극하는 모든 것을 제거하여 뇌를 쉬게 해 주어야 한다.
- **적어도 수면 시간 1시간 30분 전에는 모든 활동을 마무리하자.**
  잠자기 전에는 과도한 학습, 의견교류, 운동을 피하고, 대신 얼마간의 조용한 시간은 갖는 것이 좋다.
- **쉬는 날에 늦잠을 자지 마라.**
  쉬는 날이라 평소보다 과도하게 늦잠을 잔다면, 그날 밤에 불면증을 겪고 한 주 내내 뒤바뀐 수면 패턴으로 고생을 할 수 있다. 꼭 수면이 필요하다면 짧은 시간의 낮잠을 즐기는 것이 좋다.

- 잠자리에 들기 전 음식 섭취를 삼가라.

  자는 동안에 위장도 쉬어야 한다. 음식물 섭취는 위장에 많은 부담을 줄뿐 아니라 자율신경 계와 심장 또한 쉬지 못할 수 있어 편안하게 자기가 어렵다. 특히 자극적인 음식은 더욱 심한 수면장애를 유발한다.

- 카페인과 니코틴을 피해라.

  카페인과 니코틴은 뇌를 자극하여 각성 상태를 유지하게 하므로 피해야 한다.

- 실내는 선선하게 유지하고 손발은 따뜻하게 하라.

  잠을 자는 동안 인체는 활동할 때보다 체온이 떨어지기 때문에, 실내 기온을 약간 낮게 유지 하는 것이 편안하게 느껴진다. 손발과 같이 혈액 순환이 원활하지 않아 추위를 쉽게 느끼는 부위는 이불을 이용하여 체온을 유지하는 것이 좋다.

- 저녁에는 밝은 빛을 피하고 어둡게 하여 잠자리에 들고, 아침에는 밝은 태양빛을 받을 수 있도 록 하라.

  뇌 속에 있는 생체시계는 태양의 빛에 따라 움직인다. 낮 시간에 밝은 태양 아래 운동을 하게 되면 생체시계에 필요한 자극을 줄 뿐 아니라 육체적 운동을 통해 긴장을 풀고 야간 수면을 유도하는 데 도움을 줄 수 있다. 또한 저녁에는 어둡게 해야, 신체가 잠잘 시간을 알게 된다.

집중력 스위치 켜기

집중력 향상 전략

◎ **목 표**　　설문조사 결과, 집중력의 문제는 학습 상황에서 가장 큰 어려움을 주는 것으로 보고되고 있습니다. 이러한 문제의 일차적 원인은 집중에 대한 오해에 있습니다. 집중력은 생물학적인 한계를 가지고 있기 때문에 몇 시간 지속될 수 있는 성질의 것이 아닙니다. 이러한 집중의 한계를 이해하고 이용하는 것이 집중력을 높이는 전략의 관건입니다. 또한 집중은 특수한 기계장치나 약물에 의해 갑자기 좋아질 수 있는 것이 아니며, 오히려 몇 가지의 과정(process) 끝에 일어나는 하나의 현상으로 보는 것이 타당합니다.

이번 시간에는 이러한 측면에서 집중을 유도할 수 있는 과정을 이해하고, 학습을 시작하기 전에 학생들이 그러한 과정을 준비할 수 있도록 돕는 내용들에 대해 살펴보겠습니다.

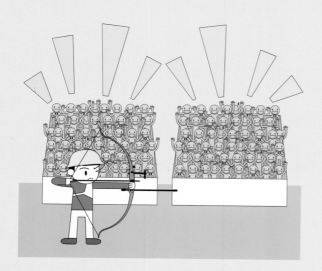

올림픽이나 아시안 게임에서 우리나라 선수들이 두각을 나타내는 종목들은 많지만, 양궁처럼 오래도록 1위의 자리를 지켜온 종목도 없을 것입니다.

양궁은 어느 스포츠보다도 집중력이 중요하기 때문에, 선수들은 평소 특별 집중훈련에 매진한다고 합니다. 가령 이런 식이지요. 관중이 꽉 들어찬 야구장에서, 경기가 열리기 직전 활 쏘는 연습을 합니다. 주변은 장내 아나운서의 의도적인 야유와 관중들의 소음으로 엄청 시끄러운 상황이지요. 아니면 경정장에서 훈련을 하기도 합니다. 보통 경정 경기는 강이나 바다에서 펼쳐지기 때문에 바람이 많이 불어 양궁 선수들이 연습을 하기에는 좋지 않은 환경이지요. 거기다가 경정장을 찾은 관객들의 시끄러운 고함소리, 야유를 들으며 활 쏘는 연습을 한다고 합니다. 하지만 이런 악조건 속에서 한 연습은 실제 경기에서 늘 빛을 발합니다.

─ 우리나라 양궁 선수들의 다소 독특한 소음 적응 훈련이 의미하는 것은 무엇일까요? 그건 바로, 집중력 역시 꾸준한 연습과 훈련을 통해 향상시킬 수 있다는 것입니다! 이번 시간에는 집중력의 의미와 집중력을 향상시킬 수 있는 전제 조건 및 전략들에 대해 배워보겠습니다.

★ 이번 시간에 배울 내용

• 나의 집중력은 얼마나 될까?

• 공부를 방해하는 딴생각을 없애주는 방법이 있을까?

• 집중을 잘 할 수 있는 조건에는 어떤 것들이 있을까?

• 집중력을 높여주는 전략들은 어떻게 사용할까?

나는 집중을 잘하는 사람? 못하는 사람?

A1
5m

● **아래의 문항들을 읽고, 나에게 해당되는 것에만 ∨표 하세요.**

나는 집중을 잘하는 사람? 못하는 사람?	∨표
1. 공부할 때는 딴 생각을 하지 않는다.	
2. 공부할 때는 전적으로 공부에만 집중한다.	
3. 공부하는 동안 소음이 들리면 무시하려고 노력한다.	
4. 집중이 잘되지 않으면 집중을 잘하기 위해 나름대로 노력한다.	
5. 공부시간을 효과적으로 사용하고 있다.	
6. 공부하는 동안에 마음이 편안하다.	
7. 책상에 앉아서 졸지 않는다.	
8. 공부할 때는 음악이나 라디오를 듣지 않는다.	

총 개수 :

● **∨ 표시한 문항의 개수를 세어보세요. 여러분의 집중력은 어느 정도인가요?**

- 0~2개 → 고쳐야 할 집중 습관이 더 많아요.
- 3~4개 → 조금 더 노력해야겠어요.
- 5~6개 → 좋은 습관이 많은 편이네요.
- 7~8개 → 아주 잘 하고 있어요!

집중에 대한 이해

| **목 표** | 평상시 집중이 안된다는 이야기는 많이 하지만, '주의', '집중'이라는 용어는 설명하기 어려울 수 있습니다. 각 용어들의 정의에 대해 정확히 이해할 수 있도록 하는 것이 중요합니다.

A2
5m

● **집중이란 무엇일까?**

우리는 늘 집중력에 대해 이야기합니다. "집중력만 좋으면 공부를 더 잘할 텐데……." "요즘에는 도무지 공부에 집중이 되지 않아." 등등. 그렇다면 '집중'이라는 것은 무엇일까요?

1) 내가 생각하는 '집중'이란?

> 책상에 한 2~3시간쯤 오래 앉아서 공부하는 것.
> 어떤 일에 미친 듯이 몰두하는 것.

2) 집중할 때 한 번에 얼마나(몇 분 혹은 몇 시간) 집중하는 것이 적당할까요?
   아래 선에 표시해 주세요. 그리고 그렇게 생각하는 이유도 함께 적어봅시다.

10분   30분   60분   90분   120분   150분   180분

> 그렇게 생각한 이유:
> 공부 잘하는 애들 보면 다들 그 정도는 집중하는 것 같아서...

자, 집중에 대해서 충분히 생각해보았다면, 이제 집중의 정의에 대해 정리해보겠습니다.
집중이란, ' 한 가 지 일 에만 일 정 시간 동안 주 의 를 기울이는 것'
이라고 정의할 수 있습니다.

| 목 표 | 학생들이 평소 집중에 대해 어떻게 생각하고 있는지를 알아보도록 합니다. 집중에 대해 잘못 생각한 것이나 오해한 부분들을 확인할 수 있습니다.

● **집중력에 대한 퀴즈**

이번에는 몇 가지 퀴즈를 통해 집중에 대해 자세히 알아보도록 하겠습니다.
알쏭달쏭 OX 퀴즈~!

Quiz 1. 사람들은 누구나 마음만 먹으면 2시간 정도는 집중할 수 있다.	O ⓧ
설 명	아무리 힘이 센 사람이라도 무거운 물건을 몇 시간 동안 들고 있을 수 없듯이, 집중력에도 생물학적인 한계가 있습니다. 보통 한 번에 집중할 수 있는 시간은 대략 30~60분 정도이며, 이는 연령에 따라서 다릅니다.

Quiz 2. 하루 중 낮 시간에 집중이 가장 잘된다.	Ⓞ X
설 명	사람의 체온이 가장 높은 시간은 하루 중 낮 시간에 해당됩니다. 체온이 높으면 혈액순환이 활발하게 이뤄지고, 당연히 뇌로 공급되는 혈액도 많아지게 됩니다. 따라서 두뇌의 활동도 보다 왕성해지게 되고, 집중도 이때 가장 잘됩니다.

Quiz 3. 게임을 할 때 3~4시간씩 빠지는 것도 집중력이다.	O ⓧ
설 명	보통 게임처럼 재미있고 자극적인 활동을 하다보면 3~4시간 정도는 금방 흘러갑니다. 하지만 이런 현상은 '집중'이라 부르지 않습니다. 그 대신 '주의를 뺏긴다'고 합니다. 집중이란 내가 애써서 주의를 기울이는 것을 말하는데, 게임에는 매력적인 요소들이 많기 때문에 굳이 주의를 기울이려 노력할 필요가 없기 때문입니다.

Quiz 4. 공부를 할 때 음악을 듣는 것은 집중에 도움이 된다.	O ⓧ
설 명	사람의 뇌는 동시에 여러 가지 자극을 처리하는 데 능숙하지 못합니다. 만약 동시에 2가지 자극이 들어오게 되면, 보다 재미있는 자극만을 선택하여 처리합니다. 공부할 때 음악을 듣게 되면 공부하는 내용보다는 음악이 더 우선적으로 처리되므로, 공부에 방해가 되는 것입니다.

● **집중력 테스트**

간단한 게임을 통해, 나의 집중력을 점검해봅시다.
집중력 테스트~! 아래에는 1부터 30까지의 숫자들이 있습니다. 1부터 시작해서 2,
3, 4, 순서대로 선을 긋습니다. 되도록 연필을 종이에서 떼지 않도록 합니다. 되도록
빨리합니다. 제한시간은 60초입니다.

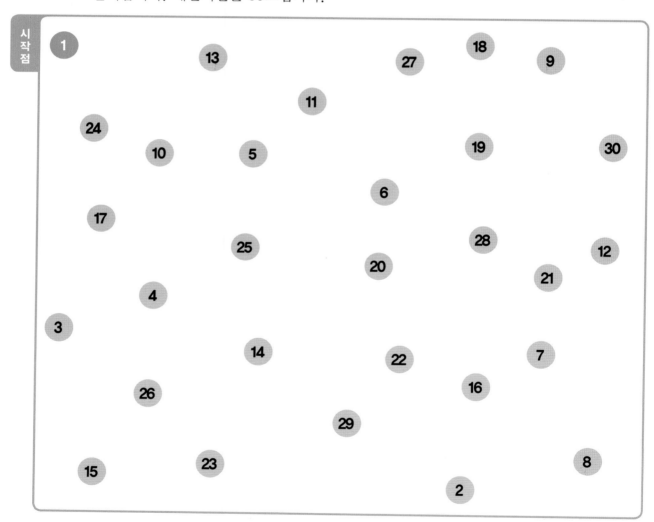

● **방금 한 과제에서 무엇을 알 수 있었나요?**

① 방금 경험한 것이 '집중'이다. 집중하지 못하면 끝마칠 수 없다.

② 분명한 과제를 짧은 시간 안에 할 때 집중이 잘된다.

| **유 의 점** | 이 과제는 주의력이 요구되지만, '집중능력' 자체를 측정하는 것은 아닙니다. 결과에 상관없이 이 과제를 잘하기 위해 무엇이 필요한지를
탐색할 수 있도록 지도해주세요.

집중이 잘될 때 vs 집중이 안될 때

| **목 표** | '나는 집중력이 약해'라고 생각하는 학생도 늘 집중을 못하는 것은 아닙니다. 집중의 정도는 상황에 따라 달라질 수 있습니다. 집중이 잘될 때와 안될 때를 탐색해보고, 이를 통해 집중이 잘되는 조건들을 찾아볼 수 있습니다.

A3
5m

● **집중이 잘될 때 vs 집중이 안될 때**

집중력이 항상 같은 것은 아닙니다. 공부하는 과목이나 시간 등에 따라 달라질 수 있습니다. 나에게 있어 집중력은 어떻게 달라질 수 있는지 한번 생각해봅시다.

집중이 잘될 때

과목, 시간대, 내 상태 등을 생각해서 써봅시다.

좋아하는 과목을 공부할 때
기분이 좋을 때
주변이 조용할 때

집중이 안될 때

과목, 시간대, 내 상태 등을 생각해서 써봅시다.

싫어하는 과목을 공부할 때
어렵다고 느껴지는 과목을 공부할 때
기분이 나쁘거나 짜증스러울 때
주변이 시끄러울 때

집중을 잘할 수 있는 조건 만들기

| 목 표 | 사람은 자신에게 중요하고 의미 있는 일에 더 잘 집중할 수 있습니다. 목표는 그 일을 중요하고 의미 있게 만드는 역할을 하며, 당장 행동을 할 수 있도록 돕는 단기목표와 동기를 이끌어주는 장기목표로 나누어 세울 수 있습니다.

C1
10m

집중의 조건, 첫 번째: 뚜렷한 목표

어떤 일에 몰두하고 집중을 하려면, 그 일에 관심이 있어야 하고, 관심을 가지려면 그 일이 나에게 중요하고 의미가 있는 일이어야 합니다. 공부도 마찬가지입니다. 공부하는 데 집중하기 위해서는 공부 역시 집중할 만큼 중요한 일이 되어야 합니다.

사람은 자신에게 중 요 하고, 의 미 있는 일에만 집중할 수 있습니다. 그렇다면 공부에 집중할 수 있는 방법은? 그건 바로 목 표 를 만드는 것입니다.

장기목표는 동기를 높여주지만, 단기목표는 당장의 행동을 불러일으켜 줍니다.
단기목표로서 공부가 끝나면 나에게 즐거움을 줄 수 있는 일(보상)을 생각해볼까요?

> 친구 만나기   영화 보기
> 좋아하는 음악 듣기   강아지와 산책 가기

이번에는 좀 더 장기적인 목표를 생각해볼까요?

내가 어른이 되면 이루고 싶은 꿈과 목표는?

C2
10m

| **목표** | 파레토 법칙에서 배웠 듯이, 하루 24시간이 모두 똑같이 중요성이나 가치를 가지지는 않습니다. 따라서 쉽게 산만해지거나 피곤함을 많이 느끼는 때보다는 비교적 집중이 잘되는 시간을 찾아, 그 시간을 중점적으로 공부에 활용하는 것이 효율적입니다. |

● 집중의 조건, 두 번째: 골든타임 활용

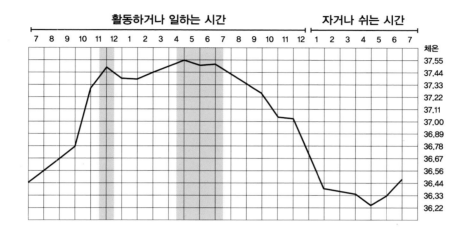

이렇게 신체 리듬에 따라 체온은 물론 집중의 정도가 달라집니다. 집중이 잘 안되는 때에 2시간 공부하는 것보다는, 집중이 잘되는 시간대에 1시간 하는 것이 훨씬 더 전략적이고 효과적인 공부방법입니다. 즉, 골든타임을 찾아 공부하는 것이 집중력 향상의 두 번째 방법입니다.

● 그렇다면 골든타임은 무엇일까요?

하루 중 집 중 하기에 가장 유리한 시간

● 골든타임을 결정하는 기준은, 다음 네 가지입니다.

졸 리 지 않은 시간   비교적 조 용 한 시간

컨 디 션 이 좋은 시간   유 혹 이 적은 시간

> 골든타임에는 나에게 가장 중요한 과목이나 어려운 내용의 공부를 하는 것이 좋습니다. 표를 보면서, 시간별로 해당하는 집중 정도에 ✔표 체크해봅시다.

	1 잠만 오고 집중이 전혀 안 된다	2 깨어 있긴 하지만 집중은 안 된다	3 공부는 되지만 딴짓도 하게 된다	4 공부를 하면 집중이 잘되는 편이다	5 집중이 아주 잘돼서 공부에 몰입할 수 있다
아침 (AM 6:00~8:00)					
오전 (AM 8:00~PM 12:00)					
점심 (PM 12:00~1:00)					
오후 (PM 1:00~5:00)					
저녁 (PM 5:00~9:00)					
밤 (PM 9:00~AM 12:00)					
새벽 (AM 12:00~6:00)					

> 위의 표에서 확인된 나의 골든타임은 언제인가요?

| 목 표 | 집중에는 생물학적인 한계가 있지만, 이 한계는 사람마다 조금씩 다릅니다. 집중을 잘하기 위해서는, 자신이 집중할 수 있는 적절한 시간을 잘 알아서 이를 시간관리에 적용해야 합니다.

집중의 조건, 세 번째: 적절한 시간 길이

집중을 유지하는 능력은 아동기와 청소년기 초기 동안에 점차 좋아지는데, 부분적으로 뇌의 발달에 따릅니다. 뇌에서 주의집중에 담당하는 부분은 사춘기가 되어서야 완전한 발달이 진행됩니다. 즉, 집중력은 나이에 따라 다를 수 있습니다.

그렇다면, 한 번에 제대로 집중할 수 있는 시간은 얼마나 될까요?
집중할 수 있는 시간만큼 칸을 칠해봅시다.

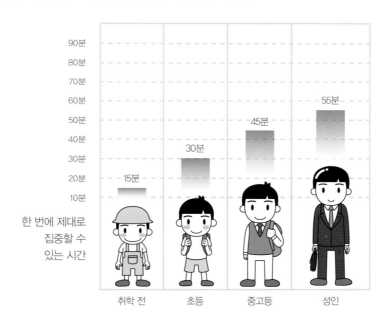

또한, 집중할 수 있는 시간단위 계획은, 과목의 난이도에 따라 좀 더 길어질 수도 있고 짧아질 수도 있습니다. 자신의 경우는 어떠한지 표시해봅시다.

어려운 과목　　　_____ 분 집중
쉬운 과목　　　_____ 분 집중
평균　　　_____ 분 집중

| 유 의 점 | 대부분의 학생들은 무조건 긴 시간 동안 앉아서 공부하는 것이 집중을 잘하는 것이라고 여기는 경향이 있으므로, 자신에게 적절한 집중 시간 길이를 찾아 연습하도록 하는 것이 중요하다는 것을 강조해주십시오.

다른 집중의 조건들

교재 2, 3, 4회기에서 자세하게 다루게 될, 그 외 집중의 조건들을 간단하게 살펴볼까요?

공부환경

방 해 물 이 없는 환경

잠

하루 6~8시간 정도의

규 칙 적 인 수면

컨디션

체 력 관리

집중을 높이기 위한 기술

| **목표** | 집중을 잘하기 위한 조건을 갖추었더라도, 공부하는 동안 잡생각이 떠올라 집중이 흐트러질 수 있습니다. 이런 잡생각을 줄일 수 있는 효과적인 방법인 '횟수 체크하기'와 '글로 쓰기'에 대해 알 수 있습니다.

C6
5m

잡념 줄이기 1 – 횟수 체크하기

횟수 체크하기란 공부를 하는 동안 옆에 하얀 종이를 두고 잡생각이 떠오를 때마다 빗금(/)을 긋는 행동을 가리킵니다. 이러한 행동은 심리학적 용어로 '자기감찰효과'라고 하며, 이는 잡생각이 떠오르는 빈도를 줄여줍니다.

잡념 줄이기 2 – 글로 쓰기

자꾸만 떠오르는 잡생각이 있을 때, 억지로 생각을 안 하려 애쓰기보다 반대로 그 생각을 더 많이, 더 이상 떠오르지 않을 때까지 하면 오히려 도움이 될 수도 있습니다. 마치 일기를 쓰듯이, 옆에 둔 종이에 어떤 일이 있었는지 그래서 어떤 생각이 들고 기분은 어떤지 등등에 대해 써 보세요.

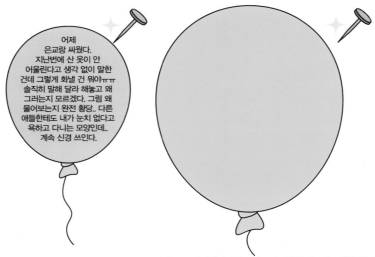

| **유 의 점** | '횟수 체크하기'는 자신의 행동을 시각적으로 관찰·감찰함으로써 잡생각이 떠오르는 빈도를 줄이는 데 도움을 줍니다. '글로 쓰기'는 억지로 잡생각을 누르려 하는 대신 오히려 그 생각을 충분히 함으로써 오히려 그 생각이 덜 나도록 하는 방법임을 강조해주십시오.

| **목 표** | 공부가 잘되지 않을 때는 공부시간에 제한을 두고 그 시간 안에 어떤 공부를 할 것인지 구체적으로 명시하여 집중력을 끌어올리는 방법이 효과적일 수 있습니다. |

C7
5m

● 5분 학습법

이 방법은, 집중이 잘되지 않을
때 수학 1문제, 영어 단어 2~3개
정도를 공부하는 방법입니다.
적은 양의 공부만 함으로써
순간적으로 집중을 끌어올릴 수
있는 방법이며, 그렇게 하다 보면
공부에 몰입이 돼서 더 오랜 시간
집중할 수도 있습니다.
그렇다면, 5분간 할 수 있는
공부에는 어떤 것들이 있을까요?
친구들과 상의해서 아래에 적어
봅시다.

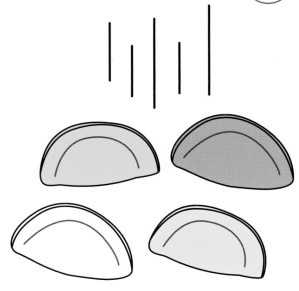

> ## 5분간 할 수 있는 공부는?

ex
- 영어 단어 10개 외우기
- 수학 공식 2개 외우기
- 학교 수업 노트 필기한 것 보충하기 등
-
-

| 목 표 | 마감 시간의 힘을 통해 집중력을 높이는 전략입니다. '작은' 과제를 '짧은' 시간 동안 처리해보는 경험은 집중력을 강화해줍니다.

C8
5m

● **스톱워치 활용하기**

여유가 있다고 생각하면 긴장이 풀리면서 일하는 속도가 늦어지는 것을 누구나 경험해보았을 것입니다. 하지만 시험처럼 마감시간이 얼마 남지 않았을 때는 적당한 수준의 긴장감이 생기면서 쉬이 책에 집중하는 자신을 발견하게 됩니다. 따라서 평소 공부할 때도, 이러한 긴장감을 놓치지 않기 위해 '시간'을 제한해 두면서 공부하는 것이 집중력 향상에 도움이 됩니다. 이때 '스톱워치'는 제한시간을 알려주는 유용한 도구로 쓰일 수 있습니다.

과목	분량	제한 시간	집중효과
ex 과학	– 교과서 pp. 10~25 개념 외우기 – 해당 부분 문제 풀기		1-2-3-4-5
			1-2-3-4-5
			1-2-3-4-5

내가 집중이 안되는 가장 큰 이유 정리하고 해결책 찾아보기

T1
15m

> 내가 집중이 안되는 가장 큰 이유 3가지만 정리해봅시다. 늘 집중을 방해하는 이유도 있을 것이고, 상황에 따라 나타나는 이유도 있을 것입니다. 각각에 대해 정리한 뒤, 지금까지 배운 내용을 바탕으로 가능할 해결책에 대해서도 적어봅시다.

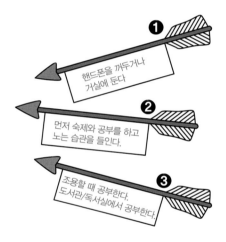

내가 집중이 안되는 이유 TOP3	해결책
❶ 공부할 때 옆에 휴대폰을 두기 때문에	❶ 핸드폰을 꺼두거나 거실에 둔다
❷ 한참 놀고 난 뒤에 공부하려다 보니까	❷ 먼저 숙제와 공부를 하고 노는 습관을 들인다.
❸ 집에서 공부하면 밖이 소란스러워서	❸ 조용할 때 공부한다. 도서관/독서실에서 공부한다.

│유의점│ 내가 집중이 안되는 이유를 찾을 때에는 내적인 이유, 외적인 이유를 균형 있게 찾도록 지도해주시기 바랍니다. 가능한 해결책은 현실적이고 바로 실천 가능한 구체적인 행동이어야 합니다. 학생들이 다양한 해결책을 찾을 수 있도록 자유롭게 이야기하고 토론하는 분위기를 만들어주십시오.

집중이란? 집중을 잘할 수 있는 조건들은?

★ 집중이란 '한 가 지 일에 일 정 한 시간 동안 주 의 를 기울이는 것'으로 생물학적인 한계를 가지고 있습니다.

★ 대부분의 사람들이 한 번에 집중할 수 있는 시간은 대개 3 0 ~ 6 0 분 사이입니다.

★ 집중을 잘하기 위해서는 몇 가지 조건들이 충족되어야 합니다. 이 조건들이 충족되어 나타나는 현상이 바로 집중입니다.

★ 집중을 잘할 수 있는 조건은 뚜렷한 목 표 세우기, 골 든 타 임 활용하기, 적절한 시 간 길이, 공부환경, 잠, 컨디션 관리가 있습니다.

일주일간 집중 그래프 그려보기

일주일간 나의 집중 정도를 그래프로 그려보고, 그 이유에 대해서도 적어봅시다.
집중 정도는 최소 0에서 최대 100점까지입니다. 해당되는 점수에 점을 찍어 일주일간 집중 정도 그래프를 완성합니다. 그 아래에는 그렇게 집중하게 된 이유에 대해 적어봅니다.

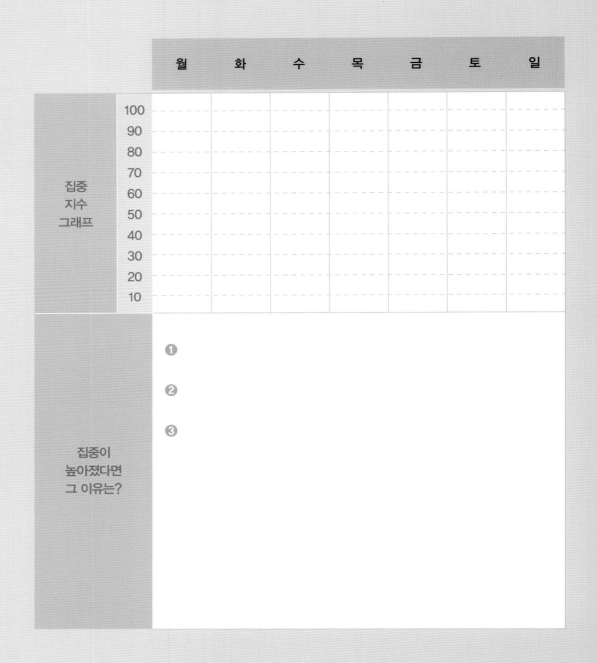

	월	화	수	목	금	토	일

집중
지수
그래프

100
90
80
70
60
50
40
30
20
10

❶

❷

❸

집중이
높아졌다면
그 이유는?

집중을 잘하기 위한 조건과 기술을 적용해보기

앞에서 배운 집중력을 높일 수 있는 조건과 기술들을 일주일 동안 실천해 보고, 느낀 점을 적어봅시다.

1. 집중을 잘하기 위한 조건	
(1) 뚜렷한 목표를 세웠나요?	내가 공부를 끝내고 바로 하고 싶은 일은?
	나는 미래에 이런 사람이 되고 싶다!
(2) 골든타임을 활용해서 공부해 보았나요?	일주일간의 골든타임은 총 몇 시간이었나요?
	내가 계획했던 골든타임에는 공부가 잘되었나요?
(3) 과목의 난이도에 따라 적절한 시간 길이로 계획해서 공부하였나요?	어려운 과목: ( )분 공부한 뒤, ( )분 쉬고, 다시 ( )분 공부
	쉬운 과목: ( )분 공부한 뒤, ( )분 쉬고, 다시 ( )분 공부
	적용 여부 (O, X)
	느낀 점:

2.집중을 높이기 위한 기술	
(1) 횟수 체크하기	적용 여부 (O, X)
	• 집중력을 높이는 데 효과가 있었나요? • 느낀 점 효과 있어요 – 그냥 그래요 – 전혀 효과 없어요
(2) 딴생각을 글로 표현하기	적용 여부 (O, X)
	• 집중력을 높이는 데 효과가 있었나요? • 느낀 점 효과 있어요 – 그냥 그래요 – 전혀 효과 없어요
(3) 5분 학습법	적용 여부 (O, X)
	• 집중력을 높이는 데 효과가 있었나요? • 느낀 점 효과 있어요 – 그냥 그래요 – 전혀 효과 없어요
(4) 스톱워치 활용법	적용 여부 (O, X)
	• 집중력을 높이는 데 효과가 있었나요? • 느낀 점 효과 있어요 – 그냥 그래요 – 전혀 효과 없어요

2

집중의 반은
환경에서 결정된다

집중력을 높여주는
공부환경 만들기

◎ **목 표**　　공부하는 데 있어서 우리가 쉽게 간과하는 것들 중 하나가 공부환경입니다. '마음만 굳게 먹으면 어디서든 공부할 수 있다.'라는 말은 요즘 시대에는 맞지 않는 말입니다. 산만한 환경에서 공부를 하는 것은 육상 선수가 진흙탕 위에서 경기를 하는 것과 같습니다. 환경은 우리에게 큰 영향을 주기 때문에 집중에 도움을 주는 공부환경이 되도록 미리 준비해야 합니다. 하지만 공부환경은 우리가 아주 많은 시간을 보내는 곳이기 때문에 너무나 익숙해져 있어서 문제점이 있어도 알아차리기 힘들 수 있습니다.

이번 시간에는 자신이 공부하는 환경을 점검해보고 공부하는 데 방해가 되거나 집중력을 떨어뜨리는 요인들이 있다면 집중이 잘되는 환경으로 바꿀 수 있는 방법을 찾아보는 시간입니다. 스스로 대안을 생각해보고 실천할 수 있도록 지도해주시기 바랍니다.

방의 색깔이 미치는 영향

방의 색깔과 체감시간 간의 관계를 실험한 연구가 있었습니다. 이 실험에서 실험 참가자들은 각각 빨간색 계열의 방과 파란색 계열의 방에 들어간 후, 1시간이 지났다고 생각하면 방에서 나오도록 지시를 받았습니다. 방에는 시계가 없었기 때문에 참가자들은 자신의 감에 의지할 수밖에 없었습니다.

실험 결과, 빨간색 계열의 방에 들어간 참가자들은 40~50분 전후로 방을 나온 데 반해, 파란색 계열의 방에 들어간 참가자들은 1시간 10분~20분이 지나도 좀처럼 방을 나올 생각을 하지 않았습니다.

이처럼 빨간색 계열의 방은 사람을 예민하게 만들고, 시간이 더디게 가는 것 같은 느낌을 줍니다. 짧은 시간 내에 많은 사람들이 왔다 가야 이익을 낼 수 있는 패스트푸드점의 인테리어가 주로 붉은색 계통인 이유도 이런 점 때문이지요. 따라서 공부방이나 침실은 빨간색 계열보다 파란색 계열의 색채를 많이 사용함으로써 안정적이고 편안한 느낌을 주는 것이 좋다고 합니다.

– 또한 빨간색 방과 푸른색 방에 들어갔을 때 체감온도가 3° 정도 차이가 난다는 실험결과도 있습니다. 이렇듯, 색깔뿐만 아니라 주변환경이 우리에게 미치는 영향은 생각보다 크고 중요합니다. 이번 시간에는 우리 각자의 방은 어떤 환경인지 한번 점검해보고 집중이 잘되는 공부환경으로 만들어가 보도록 하겠습니다.

★ 이번 시간에 배울 내용

• 나의 공부환경은 집중하기 좋은 환경일까?   • 집중하기 좋은 공부환경은 어떤 곳일까?
• 내가 공부하는 곳의 문제점은 무엇일까?   • 책상은 어떻게 정리하는 것이 좋을까?

내가 생각하는 적합한 공부환경은?

| **목표** | 자신이 생각하는 최적의 공부환경 조건은 무엇인지 탐색해봅시다.

● **여러분이 생각하는 최적의 공부환경은 어떤 곳인가요?**

> 내가 이런 곳에서 공부한다면 정말 열심히 공부할 수 있을 것 같다!
>
> ●
>
> ●
>
> ●
>
> ●

● **조원들과 토론을 통해서 의견을 종합하여 적어봅시다.**

> 우리는 이런 곳이 최고의 공부환경이라고 생각해요.
>
> ●
>
> ●
>
> ●
>
> ●

| **유의점** | 환경에 대한 선호는 주관적이며 개인차가 존재합니다. 하지만 학습환경은 학습의 구체적인 성과에 영향을 주기 때문에 '왜' 좋은지 타당한 근거를 생각해보도록 돕는 것이 필요합니다.

　tip　조별로 발표를 통해 개인마다 생각하는 좋은 공부환경 조건이 다르다는 것을 알아보면 재미있는 활동이 될 수 있습니다.

공부환경이 중요한 이유

| 목표 | 자극과 반응의 연합과정을 이해할 수 있습니다.

"어디서든 마음만 굳게 먹는다면 공부할 수 있다."라는 말 들어본 적 있나요? 하지만 준비되지 않은 공부환경은 진흙탕에서 슬리퍼를 신고 뛰는 운동선수와 같습니다. 따라서 이런 말은 강력한 '연합'의 효과를 고려하지 않은 것입니다. 다음 만화를 통해 연합이 무엇인지 알아봅시다.

만화를 보고, 어떤 생각이 드나요?

만화에서 말하는 연합이란 무엇일까요?

특정 자극과 관련된 행동을 유발한다.
자극과 행동은 연합된다.

앞에서 본 것처럼 특정한 자극은 어떤 행동을 하게 합니다. 그렇다면 특히 공부를 할 때 어떤 자극이 딴짓을 하게 만드는지 생각해봅시다.

자극		반응
휴대폰을 보면	>	카톡을 한다
게임기를 보면	>	게임을 시작한다
떠드는 친구를 보면	>	같이 떠든다
리모컨을 보면	>	TV를 켠다
침대를 보면	>	드러누워 잠든다
	>	
	>	

내 공부환경 평가하기

| 목표 | 자신이 주로 공부하는 장소를 시각화하여, 장단점을 파악하도록 합니다.

A2
15m

● **내 공부환경 확인하기**

내가 공부하는 환경(책상 또는 내 방)은 어떻게 생겼는지 자신의 공부환경의 문제점
과 장점을 찾아볼 수 있도록 우측 빈칸에 가능한 자세히 그려봅시다.

예시 1

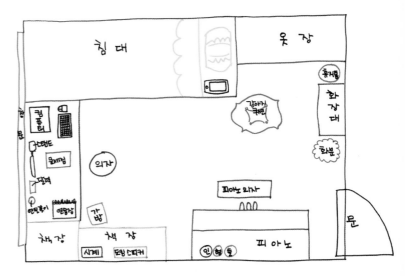

예시 2

그리는 방법

① 내 공부환경의 기본적인 구조를 그린다.
② 스티커 페이지에 있는 그림을 확인하여 붙이고, 없는 것은 직접 그린다.
③ 책상 주변에 있는 사소한 물건이라도 그린다.
④ 공부와 관련 없는 물건도 그린다.

| 유의점 | 방의 구조는 어떻고 어떤 물건들이 있는지, 또는 책상 위에 어떤 물건들이 있는지 최대한 구체적으로 그리도록 지도합니다. 일부
학생들은 그림을 그리는 것 자체를 부담스러워할 수도 있으니, 그림을 잘 그리는지 여부는 중요하지 않다는 것을 알려주십시오.

내 공부환경 점검하기

| 목 표 | 그림을 통해 시각화한 나의 공부환경에서 공부에 도움이 되는 것과 방해되는 것을 알아보고, 공통적인 문제점을 조원과 함께 정리하고 해결책을 찾아봅니다.

● **내 공부환경 점검하기**

1) 앞에 그린 그림에서 공부에 도움이 되는 것은 파란색 동그라미, 공부에 방해가 되는 것은 빨간색 동그라미를 하세요.

2) 파란색 동그라미와 빨간색 동그라미는 각각 몇 개인가요?

어떤 색의 동그라미가 더 많은가요?
파란색 동그라미가 더 많다면 공부하기 좋은 곳이고, 빨간색 동그라미가 더 많다면 공부하기엔 부적절한 곳이기 때문에 더 공부가 잘되는 장소를 찾아야 합니다.

3) 이제부터는 지금까지 알아본 공부하는 데 방해가 되는 것 BEST 3를 조원들과 함께 정해볼까요?

    1.
    2.
    3.

이번에는 BEST 3 중에 하나를 정하여 해결책을 생각해봅시다.

→ tip 해결책을 생각하는 과정에서, 각 조의 문제점들을 전시한 뒤 다른 조원들이 해결책을 찾아 답변을 달아주고 그중 가장 효과적인 해결책을 선택하는 방식으로 진행하면 더욱 학생들의 적극성을 끌어낼 수 있습니다.

효과적인 공부환경 만들기

C1
15m

● **눈에 띄는 방해물을 처리하는 방법**

내 공부환경에서 나의 시선을 끄는 것들에는 무엇이 있을까요?

이런 방해물을 정리하는 원칙은?

손 에 닿지 않는 곳, 보 이 지 않는 곳에 정리하기

집에서는 어떻게 치울 수 있을까요?

공부하는 동안에는 핸드폰을 꺼서 부모님께 맡겨둔다.
화장대나 거울은 책상에 앉아 있을 때 보이지 않는 곳에 치우거나 다른 방으로 옮긴다.

37

| 목표 | 책상 위에 있는 공부에 방해되는 물건을 정리하는 방법을 배울 수 있습니다.

● 자주 사용하는 물건을 배치하는 방법

앉은 자리에서 이동해야만 꺼낼 수 있는 물건에 O표 하세요.

지금 공부할 교과서	지금 공부할 문제집	필기도구
스테이플러	가위	칼	자
풀 접착테이프	메모지	포스트잇	문서 파일
연습장		

만약 O표 한 물건, 즉 의자에서 일어나야만 꺼낼 수 있는 물건이 3개가 넘는다면, 여러분은 공부 도중 그 물건을 꺼내기 위해 자주 일어나야 하고, 그만큼 집중력도 흐트러지게 됩니다. 따라서 지금 당장 공부에 필요한 물건들을 책상 가까이에 정리해야 합니다.

정리의 원칙에 대해 생각해봅시다.

1. 사용 빈도에 따라 서랍을 나누고 자주 사용하는 물건은 첫 번째 서랍에 보관한다.
2. 투명한 서랍장이나 뚜껑 없는 수납장을 사용하여 비슷한 용도의 물건을 한곳에 모아서 정리해둔다.
3. 책상 위에는 항상 사용하는 펜과 다이어리 등과 당장 사용해야 하는 문서만 둔다.

| 유의점 | 교재에 제시된 정리 방법 외에 다른 좋은 아이디어를 생각해볼 수 있도록 지도해주십시오.

| 목 표 | 청각적인 방해자극을 생각해보고 얼마나 집중에 방해되는지 알아봅니다.

소음을 이겨내는 방법

공부하는 곳에서 다른 사람들이 떠들거나 밖에서 시끄럽게 공사하는 소리가 들린다면 당연히 집중력이 떨어지겠죠? 이렇게 공부하는 데 방해가 되는 소음에는 어떤 것들이 있나요?

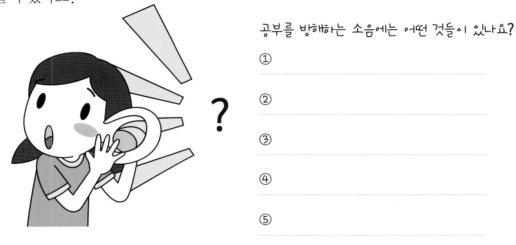

공부를 방해하는 소음에는 어떤 것들이 있나요?

① _____
② _____
③ _____
④ _____
⑤ _____

이러한 소음에 얼마나 방해받나요?

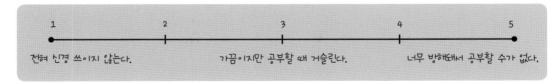

공부를 할 때 방해가 되는 소음들에 대해 생각해보고, 소음을 줄일 수 있는 해결방법을 조원들과 함께 토론하며 찾아봅시다.

① '공부 중' 팻말을 활용하여, 가족들이 내가 공부 중인 것을 알게 한다.
② 집 근처 도서관이나 독서실같이 조용한 곳으로 공부 장소를 옮긴다.
③ 영어 listening과 동영상 강의처럼 소리로 듣는 공부를 한다.
④
⑤

| 유 의 점 | 청각적인 자극에 대한 반응은 개인차가 크기 때문에 집중을 방해하는 정도를 체크하고 학생들과 의견을 나눠보며 해결책을 찾아보는 것이 좋습니다. 가령, 음악소리가 방해가 되는 학생과 방해가 되지 않는 학생 각각에게 이유를 물어보는 것은 음악소리가 방해되는 학생이 해결책을 찾는 데 도움을 줄 수 있습니다.

내 공부환경을 바꿔 보자!

| 목 표 | 이번 시간에 정리한 나의 공부환경 방해물과 그 해결책을 정리해보는 시간입니다.

이번 회기를 통해 지금까지 발견한 공부환경의 문제점들 중에 가장 중요하고, 바로 바꿀 수 있다고 생각하는 문제는 어떤 것인가요? 이런 문제들은 오늘 집에 가서 어떻게 해결할 수 있을까요?

공부환경의 문제점	바로 적용할 수 있는 해결책

| 유 의 점 | 집에 돌아가서 바로 적용할 수 있는 방법을 정리하도록 지도해주십시오.

★ 내가 자주 공부하는 장소에 내 시선을 뺏어갈 만한 물건 등이 있다면 과감하게 치우거나 버려야 한다. 좋아하는 연예인 사진 같은 것을 책상 위에 붙여두고 공부하는 것은 백전백패!

★ 집중력의 최대 적! 시끄러운 소리는 없애거나 줄일 수 있도록 한다. 우리의 뇌는 두 가지 일을 동시에 하는 것을 싫어한다. 머릿속으로 공부 내용과 소음이 같이 들어가면, 우리의 뇌 는 그중 한 가지만 받아들이려고 한다.

★ 공부에 자주 사용되는 물건들을 잘 정리하여 손 이 닿는 곳에 두어야 한다. 풀이나 메모지 등을 꺼내기 위해 의자에서 일어나야 한다면 공부의 집중력은 당연히 깨지게 된다.

★ 공부 역시 다른 일처럼 습 관 을 만들기 나름이다. 책상에서 공부하는 습 관 이 있는 사람은 책상에 앉자마자 빨리 공부를 시작할 수 있다. 반대로 책상에서 빈둥거리기만 했던 사람은 책상에 앉아도 빈둥거리고 싶을 뿐 공부를 시작하기까지 시간이 오래 걸린다.

과 제

공부환경을 정리하고 변화된 내용을 사진이나 글로 정리해오기

– 내 공부환경을 바꿔봅시다. 어떤 일들을 할 수 있을까요?

	Before	After
시선을 뺏는 것들		
시끄러운 소리		
책상에서 자주 하는 일		
기타		

변화된 공부환경을 그림으로 그리거나 사진 붙이기

나의 공부환경을 바꾸고 느낀 점은?

집중을 위한 비타민!
잠과 휴식

수면과 컨디션
조절하기

◎ **목 표** 신체 상태는 집중에 매우 중요한 영향을 미칩니다. 특히, 두뇌의 기능에 영향을 미칠 수 있는 몇 가지 요소는 건강을 위한 것은 물론 학습의 성과에도 결정적 영향을 미칠 수 있습니다. 안타깝게도 학생들이 이런 점을 간과해서 생활관리 속에 집중관리가 포함되어 있다는 것을 인식하지 못하는 경우가 많습니다. 특히 수면은 집중의 출발점인 동시에 마침표가 될 수 있는 중요한 요소인데 막연히 줄이려고 시도하는 경우가 많아 슬럼프에 빠지거나 불면증이 생기는 등 낭패를 보기도 합니다. 잠과 휴식에 대한 과학적 지식을 이해하고 자신의 생활에 적용함으로써 체질적 집중력을 가질 수 있도록 도와주십시오.

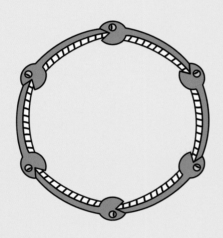

방향족 탄화수소인 벤젠이 어떤 구조로 이루어져 있는지 알아내기 위해 많은 과학자들이 40년 동안이나 노력했지만 그 답을 찾기는 쉬운 일이 아니었다. 벤젠의 탄소 사슬이 어떤 식으로 얽혀 있는지를 밝혀내기 위해 노력하던 독일의 저명한 화학자 케쿨레(Friedrich August Kekule)는 어느 날 아주 이상한 꿈을 꾸었다. 여섯 마리의 뱀이 서로의 꼬리를 물고 원형의 띠를 이루면서 꿈틀대고 있는 장면을 꿈에서 본 것이다. 잠에서 깨자마자 케쿨러는 꿈에서 본 장면을 그림으로 옮겼고, 그것이 바로 6각형에 탄소와 수소 6개를 가지고 있는 벤젠의 구조라는 것을 알게 되었다. 유기화학 분야에서 가장 값진 발견 중의 하나인 벤젠의 구조는 이렇게 놀랍게도 한 과학자가 잠을 자는 동안 꿈을 통해 그 힌트를 얻어낸 것이다.

— 수면이 창의력과 학습능력의 향상에 매우 중요한 역할을 한다는 것은 이미 잘 알려진 사실입니다. 그렇다면 얼마나 잠을 자고 어떻게 자신의 컨디션을 조절하는 것이 좋을까요?

★ 이번 시간에 배울 내용

· 잠을 잘 자는 것이 집중에 중요할까?   · 좋은 수면 습관이란 무엇일까?

· 컨디션 조절을 위해 어떻게 생활해야 할까?

수면 습관 체크리스트

| 목표 | 평소 자신의 수면 습관을 알아보고, 고쳐야 할 점은 없는지 생각해볼 수 있습니다.

● **평소 자신의 수면 습관이 얼마나 건강하고 좋은지 확인해봅시다.**

문 항		V표
1. 늘 규칙적인 시간에 자고 깬다.		
2. 아침에 일어나면 머리가 맑은 느낌이다.		
3. 자리에 누우면 20분 안에 잠이 드는 편이다.		
4. 잠자기 전에 과식을 하지 않는다.		
5. 웬만해서는 낮잠을 자지 않는다.		
6. 조느라 수업을 놓치는 경우는 거의 없다.		
7. 주말에도 규칙적으로 자고 깨는 편이다.		
8. 한번 잠들면 자주 깨지 않고 푹 자는 편이다.		

● **체크된 항목으로 수면 습관을 알 수 있어요.**

0-2개	수면 습관이 매우 안 좋아요
3-4개	고쳐야 할 수면 습관이 많네요
5-6개	조금만 신경 쓰면 좋겠어요
7-8개	좋은 수면 습관을 가지고 있습니다

| 유 의 점 | 최근 수면 습관에 대해 생각해보고, 수면을 방해하는 요인은 없는지 알아보도록 합니다.

●tip 점수가 높은 그룹과 낮은 그룹을 구분해, 수면의 실제적인 양과 질이 어떠한지 질문하고 비교해보는 것도 좋습니다. 잘못된 수면습관이 자리 잡게 된 과정이나 계기를 살펴보는 것도 좋은 학습효과를 가져다줍니다.

잠(수면)

| 목표 | 잠과 관련된 에피소드를 공유하여 수면에 대한 이해를 높입니다.

A2
5m

● 여러분은 '잠' 하면 어떤 에피소드가 떠오르나요? 잠에 얽힌 재미있는 경험이 있다면 한번 적어봅시다.

> 나는 '잠' 하면 이게 떠올라요.
>
> *tip* 누구나 잠에 얽힌 때로는 민망하고 재미있기도 한 에피스드가 있기 마련입니다. 회기 초반 워밍업 차원에서 공유해보는 것도 좋고, 잠에 대한 인식을 환기시키는 데도 도움이 됩니다. 교사가 먼저 직접 자신의 에피소드를 재미있게 전달하면 학생들의 관심을 이끌어낼 수 있습니다.

● 잠을 자는 이유는?

나는 포유류 중에서 잠을 가장 많이 자는 고양이입니다. 하루에 15시간씩 자는데요. 도대체 왜 잠을 자야 하는 걸까요? 여러분의 생각을 써보세요.

> *tip* 어딘가에서 보고 들은 과학적 지식에서부터 엉뚱한 자신만의 생각까지 여러 가지 의견을 끄집어내십시오. 아이들의 머릿속에 들어 있는 잠의 개념은 실제 수면행동에 영향을 주기 때문에 충분히 들어볼 필요가 있습니다. 잠의 실제 기능은 이후 내용에서 다시 다루게 됩니다.

평소 수면량은?

A3
5m

나는 평소에
잠을 얼마나 잘까?

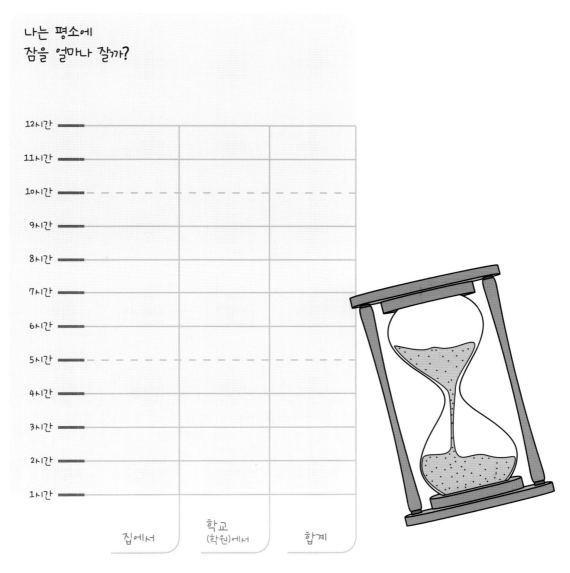

	집에서	학교 (학원)에서	합계
12시간			
11시간			
10시간			
9시간			
8시간			
7시간			
6시간			
5시간			
4시간			
3시간			
2시간			
1시간			

| **유 의 점** | 수면 시간을 질문하면 침실에서 잔 시간만을 떠올리기 쉬운데, 수면은 그 외의 상황에서도 일어납니다. 전체 수면량은 졸음을 포함한 수면 관련 행동 모두를 포함합니다. 꼼꼼히 기록할 수 있도록 지도해주십시오.

평소에 잠이 충분하다고 느끼나요?
각자의 경험을 정리해서 적어봅시다.

네, 저는 대체로 잠이 충분하다고 느껴요.
그 이유는,

때문입니다.

아니에요, 저는 대체로 잠이 부족해요.
그 이유는,

때문입니다.

| 유 의 점 | 수면량을 질문함으로써 수면의 적절성을 확인할 수 있지만, 수면량의 개인차 역시 존재하기 때문에 주관적으로 느끼는 부분도 확인해야 합니다. 하지만 분명한 근거를 가지고, 다시 말해 기능상의 변화 여부를 통해 수면의 적절성을 판단할 필요가 있습니다.

잠에 대해 알아봅시다. 수면 OX 퀴즈!

| 목표 | 학생들이 평소 수면에 대해 어떻게 생각하고 있는지를 알아봅니다. 수면에 대해 잘못 생각한 것이나 오해한 부분들을 확인할 수 있습니다.

C1 10m

질문1. 낮에 운동을 하거나 체력을 많이 사용하면 잠을 더 많이 자야 한다. O

낮에 활동을 많이 하면 지치고 피로감을 느끼는 것이 당연하다. 하지만, 근육의 피로는 꼭 잠이 아니어도 회복된다. 다시 말해, 운동을 많이 했다고 더 많이 잘 필요는 없는 것이다.

질문2. 잠을 자는 동안 뇌는 완전히 휴식을 취한다. O

잠을 자는 동안 뇌의 활동이 줄어들기는 하지만, 가전제품의 스위치를 내리는 것처럼 완전히 활동을 멈추지 않는다. 꿈을 꾸거나 낮 동안 일어났던 일을 정리하거나 외부의 자극에 반응할 만큼의 활동은 멈추지 않는다.

질문3. 사람은 낮과 밤을 거꾸로 살아도 별 문제는 없다. O

야간 근로자와 같이 낮과 밤을 거꾸로 사는 사람은 수명이 평균 4년 정도 더 짧다는 연구 결과가 있다. 이뿐 아니라 면역력이 떨어져 질병에 쉽게 걸리고 사고를 당할 확률도 더 높다. 다시 말해 잠은 밤에 자야 한다.

질문4. 눈을 감고 침대에 누워 쉬는 것만으로도 잠을 잔 것과 같은 효과가 있다. O

불면증 환자의 고통은 누워 있지만 잠들지 못하기 때문에 일어난다. 아무리 오래 누워 있어도 잠에 빠지지 못하면 우리 몸은 심각한 고통을 겪게 된다.

질문5. 코를 고는 것은 시끄러울 뿐 해롭지는 않다. O

심한 코골이는 수면 중 무호흡증을 유발한다. 즉, 잠을 자다 숨을 쉬지 못하는 기간이 발생하고 이 기간 동안 사람은 숨을 쉬기 위해 잠깐씩 잠을 깨게 된다. 숙면을 취하지 못하기 때문에 낮에 심한 피로감을 느끼게 된다.

질문6. 모든 사람은 매일 꿈을 꾼다. X

모든 사람은 매일 꿈을 꾼다. 다만 기억하지 못할 뿐이다.

적절한 수면량

나폴레옹은 하루에 4시간만 잤다는데... 보통 사람들의 적절한 수면량은
얼마나 될까요? 여러분의 생각을 정리해봅시다.

● 내 생각에 이 정도 자면
  적당할 것 같아요.

 시간 분

● 그런데, 수면을 전문적으로 연구하는
  학자들은 청소년들의 적정 수면
  시간을 다음과 같이 말하고 있습니다.

 시간 분

● 적정 수면 시간에 비교할 때 나의 수면량은 어떤가요? 많은가요? 적은가요?

부족해요 ——————— 적당해요 ——————— 많아요

| 유 의 점 | 적절한 수면량이란 낮 동안의 원만한 학습기능과 건강한 발달에 요구되는 수면 시간을 의미합니다. 상황에 따라 적게 잘 수도 있지만, 적정한 수면량에 대한 지식을 이해할 필요가 있습니다. 되도록 푹 자는 것이 학습과 건강에 이롭다는 점을 논의해봅시다.

건강한 수면을 위한 잠의 과학

| 목표 | 수면현상과 뇌파의 변화는 학생들에게 매우 흥미로운 내용입니다. 퀴즈와 더불어 함께 생각해보는 시간을 갖게 되면 잠의 중요성에 대해 깊이 이해하는 유익한 내용이 될 수 있습니다.

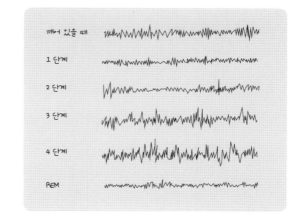

- 우리 뇌의 활동을 측정하는 기계를 통해 뇌 파 를 측정하면 수면이 5 개의 단계에 걸쳐 일어난다는 것을 알 수 있습니다.

- 이 중 R E M 수면은 4단계 수면이 시작된 지 약 45분 후 나타나며 뇌의 활동이 갑자가 활발해집니다. 이때 대부분의 사람들은 꿈을 꾼다고 합니다.

- 최근 발표된 연구에서, 8 시간 정도 충분히 자고 기억테스트를 받은 학생과 잠을 제대로 자지 않고 테스트를 받은 학생들의 성적을 비교한 결과, 잠을 충분히 잔 학생들의 성적이 잠을 못 잔 학생에 비해 평균 2 0 % 이상 좋았다고 합니다.

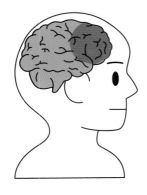

- 수면이 부족하면 혈류에서 포 도 당 을 뽑아내는 신체기능이 약화되고, 그 결과 기본적인 에너지가 충분히 뇌에 전달되지 못해, 학습에서 가장 중요한 영역인 대뇌의 전 두 엽 이 제대로 활동하지 못한다고 합니다.

좋은 수면 습관 만들기

C4
10m

● 낮 잠 은 짧게. 낮 시간에 졸음이 오는 것은 정상적인 것입니다. 하지만 이때 3 0 분
이상 잠을 자게 되면 수면 리듬에 영향을 받게 되고 밤에 잠이 쉽게 들지 않습니다.

● 휴일에 몰아서 자지 않습니다. 평소에 부족한 잠을 메우려고 한 번에 10시간 이상 몰아서 잠을
자게 되면 신 체 리 듬 에 균형이 깨지기 때문에 휴일이 끝나는 다음날 활동에 지장을
받게 됩니다. 월요일이 유난히 피곤하게 느껴지는 '월 요 병'은 이런 이유로 일어납니다.

● 잠들기 전 긴 장 을 줄입시다. 그날 해결하지 못한 일들에 대해 잠자리에서 고민하지 말고
모두 적어두었다가 다음 날 다시 생각합시다.

● 잠들기 3시간 이내에는 과 식 을 피합시다. 더구나 밤늦게 먹는 것은 비만의 원인이 되기도
한답니다.

● 잠잘 때 방의 환경은 어 둡 고 조 용 하고 환 기 가 잘되어야 합니다.

● 잠이 오지 않을 때는 억지로 잠을 자려는 시도를 하지 말아야 합니다. 이렇게 하면 불 면 증
이 더 심해질 수 있습니다. 오히려, 그럴 때는 불을 켜고 일어나서 활동적이지 않은 정 적 인
일 (예를 들면, 책 읽기)을 하다가, 졸릴 때 다시 잠자리에 드는 것이 좋습니다. 그리고 잠을 적게
잤더라도 다음 날 제시간에 일어나야 정상적인 수면 리듬을 찾을 수 있습니다.

● 커피, 홍차, 녹차, 초콜릿 등의 카 페 인 함유 식품을 저녁에 섭취하는 것을 피해야 합니다.
카페인에 예민한 사람은 오후에 한 잔만 마셔도 수면에 방해를 받는 경우가 있습니다.

집중력을 높여주는 식사습관

| **목표** | 수면 외에도 집중력에 영향을 주는 식사습관이 있습니다. 식사를 하는 것이 어떻게 집중력에 영향을 줄 수 있는지 원리를 살펴보고, 집중력을 높이는 식사습관에 대해 이해하도록 합니다.

① 평소에 아침 식사를 하는 편인가요?

아니요, 거의 먹지 않아요 ——————

불규칙해요 ——————

항상 잘 챙겨 먹어요

② 식사를 거르고 수업을 듣거나 공부할 때 집중과 기억에 있어 어려움은 없었는지
   자신의 경험을 적어봅시다.

③ 아침식사는 다음과 같은 이유로 집중력에 영향을 줍니다.

두뇌가 작동하기 위해서는 반드시 포 도 당 이 공급되어야 합니다. 아침에는 밤 사이
따로 섭취한 영양분이 없기 때문에 혈액 내에 포도당 수준이 매우 낮은 상태가 됩니다. 따라서
쌀밥과 같은 탄수화물을 섭취해야 두뇌가 활동할 수 있는 에너지인 포도당이 공급되는
것입니다. 다시 말해, 아침밥을 거르면 집중력, 기억력, 문제해결능력과 같은 학습능력에
관련된 뇌의 활동이 줄어드는 것입니다.

④ 집중력을 높이는 데 도움이 되는 음식은 어떤 것이 있을까요? 다음 중에서 골라보세요.

사과, 깻잎, 과자, 아몬드, 초콜릿, 굴, 호두, 계란 노른자, 당근, 사탕, 탄산음료,
우유, 치즈, 요구르트, 버섯, 라면, 고등어

잡 곡 이나 과 일 에 포함된 복합탄수화물이 집중에 도움이 됩니다.
그 외의 음식물은 졸음이나 집중력 저하를 일으킬 수 있습니다.

집중을 높여주는 휴식방법

| 목표 | 휴식은 방법에 따라 공부에 대한 집중력을 높일 수도 있고, 오히려 집중하지 못하게 할 수 있습니다. 조별 토론을 통해
자신의 휴식방법과 친구들의 휴식방법을 알아보고 집중력이 도움이나 방해가 되는 이유를 함께 생각해봅니다.

집중을 하는 것은 근육을 사용하는 것과 비슷해서 일정 시간 이상 지속할 수 없습니다. 중간중간 적당한 휴식을 취해야 최상의 집중 상태를 유지할 수 있습니다. 하지만, 잘못 쉬면 아예 공부를 못하게 되기도 합니다. 쉴 때 하기에 적당한 일과, 오히려 집중을 방해하기 때문에 해서는 안 되는 일을 구분해봅시다. 그리고 그 이유에 대해서도 생각해봅시다.

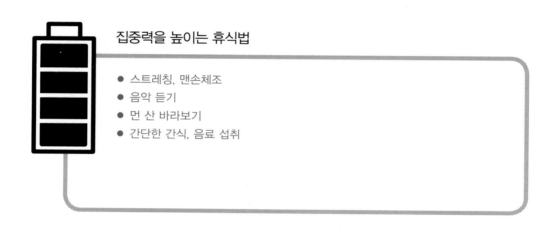

집중력을 높이는 휴식법

- 스트레칭, 맨손체조
- 음악 듣기
- 먼 산 바라보기
- 간단한 간식, 음료 섭취

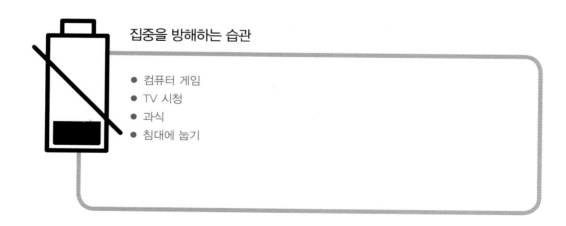

집중을 방해하는 습관

- 컴퓨터 게임
- TV 시청
- 과식
- 침대에 눕기

집중을 높여주는 스트레칭 방법

| **목표** | 스트레칭은 근육이완과 혈액순환에 매우 효과적인 절차입니다. 학생들에게 실제로 해볼 수 있도록 권해주고, 다른 자세도 함께 다루면 좋습니다.

오랜 시간 한 자세로 책을 보게 되면 목이나 어깨 부분의 근육이 점차 경직됩니다. 이런 상태가 지속되면 통증을 느낄 수도 있고, 무엇보다 혈액순환이 원활하지 않아 집중에 좋지 않은 영향을 줄 수 있습니다. 다음과 같은 스트레칭은 혈액순환을 도와 집중력을 개선해주므로 쉬는 시간에 자주 실천해보기 바랍니다.

1

목 스트레칭

한 손을 머리에 살며시 얹고, 머리를 위에서 아래로 지그시 누릅니다. 반대편 목이 당겨지는 느낌을 약 10초간 유지합니다. 손을 바꿔 반대편 목근육도 당겨줍니다.

2

어깨 스트레칭

한쪽 팔을 반대편 팔의 팔꿈치 쪽으로 붙이고 몸 안쪽으로 서서히 잡아당깁니다. 반대편 팔과 어깨가 잡아당겨지는 느낌을 약 10초간 유지합니다. 팔을 바꿔 반대편 어깨도 당겨줍니다.

3

팔 스트레칭

양손에 깍지를 끼고, 손바닥을 뒤집어 앞으로 쭉 내밉니다. 양팔 근육이 쭉 펴지는 느낌을 약 10초간 유지합니다. 이 상태를 3~4회 반복합니다.

4

옆구리 스트레칭

양손에 깍지를 끼고, 손을 위로 쭉 들어 폅니다. 그 상태에서 몸을 한쪽으로 서서히 기울입니다. 한쪽 옆구리가 쭉 펴지는 느낌을 10초간 유지합니다. 마찬가지 방법으로 반대편 옆구리도 당겨줍니다.

나에게 꼭 맞는 수면 리듬을 만들어보자!

● **나에게 필요한 수면량 결정하기**

수면량을 결정하는 기준은 다음과 같습니다.

○ 아침에 일어날 때 가뿐한 느낌이 들어야 한다.

○ 낮 동안 공부할 때 졸음을 느끼지 않아야 한다.

○ 일상생활에 지장이 없을 만큼의 길이여야 한다.

○ 청소년 권장 수면시간에서 너무 많이 벗어나지 않아야 한다.

나에게 필요한 수면 시간은
◯ 시간, ◯ 분

● **요일에 따라 자고 일어나는 시간의 규칙을 정해봅시다.**

시간	월	화	수	목	금	토	일
12:00 (오전)							
1:00							
2:00							
3:00							
4:00							
5:00							
6:00							
7:00							
8:00							
9:00							
10:00							
11:00							
12:00 (오후)							
1:00							
2:00							
3:00							
4:00							
5:00							
6:00							
7:00							
8:00							
9:00							
10:00							
11:00							

| 유 의 점 | 이제까지 다룬 내용을 적용하는 시간입니다. 수면의 중요성에 대해 인식했다면 자신에게 적합한 수면 리듬을 만들어가야 합니다. 특히, 수면 시간의 길이가 타당하고 근거가 있는 것인지 여부를 확인해주시고, 규칙성을 찾을 수 있도록 지도해주십시오.

숙면을 방해하는 잘못된 습관 찾기

| **목표** | 수면 시간을 결정했다면, 이러한 시간 안에 충분한 수면을 취할 수 있도록 수면을 방해하는 잘못된 습관을 고쳐야 합니다. 숙면을 방해하는 습관을 찾고 바로 적용할 수 있는 해결책을 생각해내도록 지도해주십시오.

좋은 수면 습관을 만들어야겠다고 생각했지만, 뜻대로 되지 않는 경우가 많습니다. 자신의 경우 어떤 잘못된 습관이 숙면을 방해하는지 찾아봅시다. 그리고 그것에 대한 해결책도 생각해봅시다.

늦게 자고 늦게 일어나게 만드는 잘못된 습관은?

①

②

③

④

이런 문제들에 대해 어떤 해결책이 있을지 함께 찾아봅시다.

▶**가능한 답변 예시**
침대에 누워서 휴대폰을 사용하지 않는다.
잠자기 직전에는 과식을 하지 않는다.
주말에 늦게까지 게임을 하지 않는다.
낮잠을 30분 내로 잔다.

잘못된 휴식습관, 식사습관 바꾸기

T3
5m

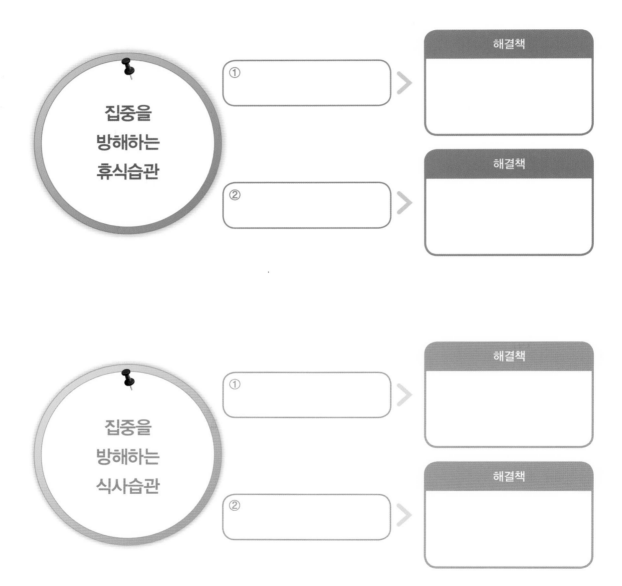

집중을
방해하는
휴식습관

①

해결책

②

해결책

집중을
방해하는
식사습관

①

해결책

②

해결책

| **유 의 점** | 잘못된 습관은 반드시 그 행동에 뒤따르는 보상이 있기 때문에 일어나고 유지됩니다. 예를 들어, 부모님 몰래 게임을 하다가 늦게 자는 경우가 해당됩니다. 이는 올바른 것은 아니지만 일부 청소년들에게는 스트레스를 풀기 위해 '필요'한 행동입니다. 이 필요를 더 건강한 방법으로 해소할 수는 없는지 그 방법을 찾아보는 것입니다. 브레인스토밍을 통해 각자의 경험담과 견해를 나누는 것도 좋은 방법입니다.

★ 　수　면　은 집중, 기억, 신체 컨디션에 매우 중요한 영향을 미치기 때문에 필요한
양을 규칙적으로 자는 것이 중요합니다.

★ 충분히 수면을 취한 학생과 그렇지 않은 학생은 집중, 기억, 실제 성적에서 대략
　2　0　% 정도의 차이가 나는 것으로 밝혀졌습니다.

★ 깊은 잠을 자기 위해서는 잠자기 전에 해야 할 일과 하지 말아야 할 일을 구분하고,
최대한 몸이 　이　완　될 수 있도록 도와야 합니다.

★ 　식　사　와 　휴　식　은 잠 못지않게 집중에 중요한 영향을 미칩니다. 특히
　아　침　식사는 뇌에 에너지를 제공하는 중요한 역할을 하기 때문에 귀찮더라도
챙겨 먹는 것이 집중력을 높이는 데 도움이 됩니다.

과 제

| 목 표 | 약간의 노력으로도 훨씬 건강한 수면 리듬을 만들 수 있습니다. 제대로 시도하지 못한 학생이 있다면 성공적으로 적용된 학생의 사례를 모델링 해주면 좋을 것입니다. 과제의 취지를 잘 설명해서 일주일에 단 며칠이라도 적용해볼 수 있게 도와 주십시오.

건강한 수면 리듬 실천하기

− 한 주간 얼마나 규칙적인 수면을 취할 수 있었는지 확인해봅시다. '자신에게 꼭 맞는 수면 리듬 만들기'에 기록했던 내용을 참고해서 아래 내용을 기록해봅시다.

요일	취침시간	기상시간	수면량	하루의 느낌
월			☐ 시간 ☐ 분	☐ 상쾌하고 집중이 잘됨 ☐ 보통 ☐ 멍하고 졸림
화			☐ 시간 ☐ 분	☐ 상쾌하고 집중이 잘됨 ☐ 보통 ☐ 멍하고 졸림
수			☐ 시간 ☐ 분	☐ 상쾌하고 집중이 잘됨 ☐ 보통 ☐ 멍하고 졸림
목			☐ 시간 ☐ 분	☐ 상쾌하고 집중이 잘됨 ☐ 보통 ☐ 멍하고 졸림
금			☐ 시간 ☐ 분	☐ 상쾌하고 집중이 잘됨 ☐ 보통 ☐ 멍하고 졸림
토			☐ 시간 ☐ 분	☐ 상쾌하고 집중이 잘됨 ☐ 보통 ☐ 멍하고 졸림
일			☐ 시간 ☐ 분	☐ 상쾌하고 집중이 잘됨 ☐ 보통 ☐ 멍하고 졸림

수업 내용 100% 활용하기

수업 중
집중향상 전략

◎ **목 표**　본 회기는 학생들의 학습시간 중 가장 많은 비중을 차지하는 수업시간을 효율적으로 활용하기 위해 구성되었습니다. 수업은 기초 학습이 이루어지고 내신 관리에서 매우 중요한 역할을 합니다. 이 장에서는 수업시간을 활용한 효율적인 학습방법에 대해서 논의해보도록 하겠습니다.

子曰
자왈
吾嘗終日不食
오사종일불식
終夜不寢
종야불침
以思 無益 不如學也
이사 무익 불여학야

공자께서 말씀하시기를
내가 일찍이 종일토록 먹지 않고
밤새도록 잠을 안 자고
생각을 하였으나 득이 없었으니
남에게 배우는 것(學)만 못하다.
[출처] 논어(論語)

–   배움의 방법에는 여러 가지가 있습니다. 예전에는 벽을 보면서 깨닫거나, 혼자 생각해서 깨닫는 방법도 있었고, 기술이 발달된 요즈음은 인터넷 강의를 통해서 배우거나, 강의 혹은 과외와 같은 방식으로 다른 누군가에게 배우는 방법도 있습니다. 여러 가지 배움의 방법 중에서 가장 흔하고 효과적인 배움의 방법은 다른 사람으로부터 배우는 것입니다.

'수업시간'은 선생님이 수업을 진행하는 시간만을 의미하는 것이 아닙니다. 선생님이 진행하시는 수업시간은 물론이며, 여러분 스스로 준비하는 수업 전과 복습이나 정리를 하는 수업 후의 시간 역시 수업시간에 들어갑니다. 효과적인 수업 듣기는 '수업 전, 수업 중, 수업 후'라는 3개의 단계로 이루어집니다. 따라서 효과적인 수업 듣기는 앞의 단계가 충분히 이루어져야 그다음의 단계로 진행이 가능합니다.

★ 이번 시간에 배울 내용

• 나는 수업시간을 어느 정도 활용하고 있을까?   • 수업은 왜 중요할까?

• 수업 중 어떻게 집중할 수 있을까?   • 수업이 끝난 직후 간단하게 내용을 정리할 수 있는 방법은?

수업 듣기 체크리스트

| 목표 | 평소 수업시간을 얼마나 잘 활용하고 있는지 알아보는 체크리스트입니다.

● 나의 수업시간 활용도를 알아보기 위한 문항들입니다. 각 문항을 읽고 자신에게 가장 적합하다고 생각되는 곳의 해당 번호에 ✔표 하세요.

문 항	✔표
1. 수업시간에는 떠들지 않는다	
2. 어려운 과목은 이해를 잘하기 위해 예습한다	
3. 앉는 자세가 바른 편이다	
4. 수업을 듣고 나면 중요한 내용을 파악할 수 있다	
5. 친구들이 떠들어도 수업에 집중하기 위해 신경 쓰지 않는다	
6. 수업시간에는 최대한 집중해서 듣는다	
7. 수업시간에 졸지 않는다	
8. 수업시간을 통해서 시험 문제를 예상할 수 있다	

총 개수 :

● **각 항목을 모두 1점씩 계산합니다.**

> 7~8 점   아주 잘하고 있어요
>
> 5~6 점   좋은 습관이 많은 편이네요
>
> 3~4 점   조금 더 노력해야겠어요
>
> 1~2 점   수업시간을 거의 활용하지 않네요

| 유의점 | 수업은 가장 많은 학습시간이지만, 학생들은 소홀히 하는 경우가 많습니다. 수업시간에 보이는 행동상의 변화를 위해서는 학생들이 자신이 어떻게 수업시간을 보내고 있는지 확인하는 절차가 필요합니다. 아래 체크리스트를 꼼꼼하게 읽고 체크할 수 있도록 지도하시기 바랍니다.

수업시간 집중도 알아보기

| **목 표** | 과목별 수업시간 집중도가 어떻게 다른지 생각해봅니다.

A2
5m

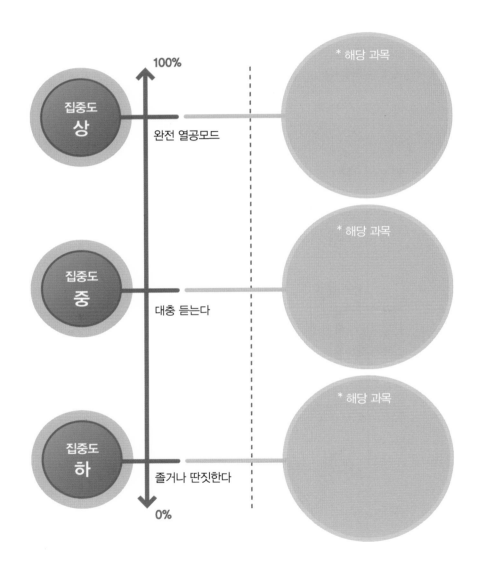

100%

집중도
상

완전 열공모드

* 해당 과목

집중도
중

대충 듣는다

* 해당 과목

집중도
하

졸거나 딴짓한다

* 해당 과목

0%

나는 평소에 수업을 들을 때 평균 _____ % 정도 집중한다.

| **유 의 점** | 체크리스트를 통해 전반적인 수업 집중도를 알아보았다면, 이번에는 각 과목별로 집중도가 어떻게 다른지 알아보는 활동입니다. 학생들이 어려워한다면 상대적으로 다른 과목과 비교해서 얼마나 집중하는지 생각해보도록 지도해주십시오.

 같은 과목이라도 학생들마다 집중도는 다를 수 있습니다. 내가 집중하기 힘든 수업을 다른 친구는 어떻게 집중하고 있는지 각자의 경험담을 토론이나 발표를 통해 나눠보는 것도 좋습니다.

수업을 잘 들어야 하는 이유

| 목표 | 하루 일과 중 수업시간이 차지하는 비중과 수업에 집중할 때의 장점을 이해하여 수업에 집중해야 하는 이유에 대해 알 수 있습니다.

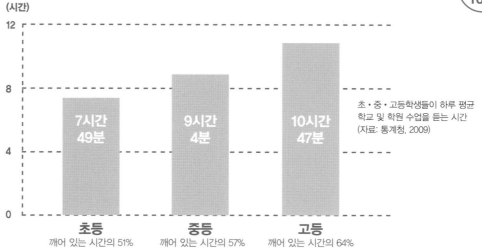

초·중·고등학생들이 하루 평균 학교 및 학원 수업을 듣는 시간 (자료: 통계청, 2009)

위의 그래프에서 나타난 것처럼, 수업은 학생들이 보내는 하루 일과의 가장 큰 부분을 차지합니다. 흔히, '집중한다'고 말하면 혼자 공부할 때만 필요한 것처럼 생각하지만, 최소한의 노력으로 최대한의 효과를 얻어내는 공부를 위해서는 수업을 잘 듣고 그 내용을 잘 이해하는 것이 필수적입니다.

● **학교 수업을 잘 들었을 때의 장점**

수업을 잘 들었을 때 얻을 수 있는 장점들은 무엇일까요?

○ 교 과 내 용 에 대한 이해가 훨씬 쉽다

수업을 무시하고 혼자서 공부하려고 하면 선생님의 설명을 들을 때보다 3 ~ 4 배 정도 더 많은 노력이 필요하기 때문에 결국 이중으로 시간이 듭니다.

○ 자연스러운 반 복 학 습 이 가능해진다

사람의 기억력에는 기본적으로 한계가 있기 때문에 아무리 학원에서 들은 것이라고 하더라도 100% 기억하기는 어렵습니다. 따라서 기본적으로 학교수업을 충실히 듣는다면 자연스러운 반복을 통해서 확실하게 이 해 할 수 있다는 장점도 생깁니다.

○ 시 험 문 제 를 잘 예상할 수 있다

시험 문제는 대부분 수업 시간 중에 중요하다고 말씀하신 내용에서 나오기 때문에 선생님의 말씀을 주의 깊게 경 청 하고 선생님이 강 조 하시는 것을 잘 체크해두는 것은 시험대비에 꼭 필요한 것이라고 할 수 있습니다.

수업에 집중하지 못하는 이유 탐색하기

| **목 표** | 자신이 수업 중에 집중하지 못하는 이유에 대해 알 수 있습니다.

수업을 듣다 보면, 어떤 수업시간에는 집중이 잘되는 시간이 있는 반면, 그렇지 못한 시간도 많이 있습니다. 집중이 되지 않는 이유를 생각나는 대로 적어봅시다.

| **유 의 점** | 수업에 집중하지 못하는 이유에 대한 내적인 요인(피곤하다, 이해를 못한다 등)과 외적인 요인(재미없다, 친구들이 떠든다)을 고루 생각해 볼 수 있도록 지도해주세요.

수업에 집중하기

| **목표** | 신체 자세는 주의력에 영향을 미칩니다. 약간의 긴장과 정향 반응(orientation)은 주의력 향상에 도움을 주므로, 올바른 수업자세를 유지하도록 도와주십시오.

● 집중을 높여주는 올바른 수업자세

수업을 열심히 듣는 것은 마음으로만 되는 것이 아닙니다. 열심히 하겠다는 태도는 반드시 행동으로 드러나게 되어 있습니다. 좋은 수업자세는 어떤 모습일까요? 아래 빈칸에 각각 눈, 귀, 몸, 손이 수업시간에 집중할 때 어떤 모습을 하고 있을지 적어보세요.

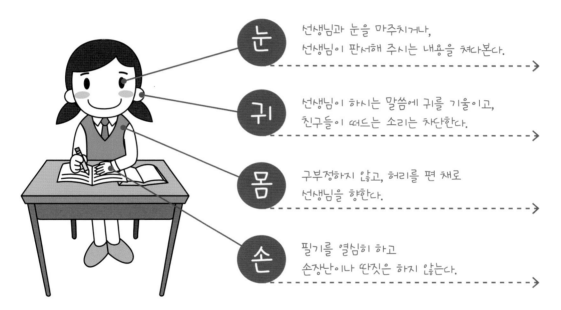

눈 선생님과 눈을 마주치거나, 선생님이 판서해 주시는 내용을 쳐다본다.

귀 선생님이 하시는 말씀에 귀를 기울이고, 친구들이 떠드는 소리는 차단한다.

몸 구부정하지 않고, 허리를 편 채로 선생님을 향한다.

손 필기를 열심히 하고 손장난이나 딴짓은 하지 않는다.

수업 중 계속 나쁜 자세로 앉아 있게 되면, 척 추 측 만 증 이 생길 수 있으므로, 바른 자세를 유지합시다.

예습의 효과

TV 드라마를 보다 보면, 결정적인 순간에 '다음 시간에...'라는 자막이 뜨면서, 다음 편 예고를 짧게 보여주는 경우가 흔합니다. 이런 장면을 통해서 다음 회에 대한 기대를 높이고, 호기심을 유발하기 위해서입니다. 시청자 입장에서는 짜증이 나면서도 한편으로는 '다음엔 어떻게 될까?' 하는 궁금증 때문에 더 보게 되는 것이죠.

예습을 하면 수업시간에 어떤 내용을 배우는지 예 측 할 수 있기 때문에,
수업에 대한 호 기 심 을 가지고 열심히 집중할 수 있게 됩니다.

5분 예습 전략

예습의 가장 중요한 요령은 '의문점이 생길 만큼만 개요 파악하기'입니다. 수업 시작하기 전, 5분 동안 할 수 있는 간단한 예습 방법에 대해 생각해봅시다.

① 이번 시간에 배울 내용의 차례 살펴보기

② 이번 시간에 배울 도표나 그림 훑어보기

③ 의문점 만들어보기

| 목 표 | 수업 시간에 선생님께서 어떻게 중요한 내용을 강조하시는지 생각해볼 수 있습니다.

수업을 통한 중요한 내용 파악하기: 수업 중 표지판 찾기

수업을 듣다 보면 선생님의 말씀이나 행동에서 그날 중요한 것이 무엇인지를 알 수 있도록 해주는 표지판이 있습니다. 선생님이 다른 내용과 달리 특별히 강조하는 것은 그 내용이 다른 것보다 더 중요하고, 그만큼 시험에 나올 가능성이 높다는 일종의 표지판 역할을 하는 것이지요. 이렇게 수업 중 표지판 역할을 하는 것에는 어떠한 것이 있을지 생각해보고, 아래의 표지판 그림에 적어봅시다. 예를 들어 '시험에 꼭 낼 거야'와 같은 말로 하는 표지판이 있는가 하면, '목소리가 커진다', '필기를 한다'처럼 행동으로 표현되는 경우가 있습니다.

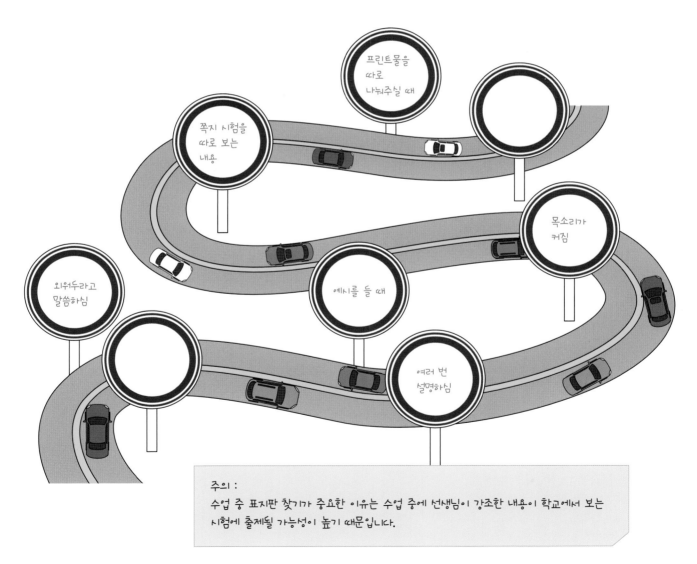

| 유 의 점 | 선생님이 중요 내용을 강조하는 방법을 아는 것이 왜 중요한지 스스로 생각해보도록 지도합니다.

tip 시간 여유가 있다면, 조별 토론을 통해 수업표지판을 찾아보고 가장 많이 찾은 조를 찾는 조별 대항 게임으로 진행할 수 있습니다.

| **목표** | 수업 시간 직후에 사용할 수 있는 간단한 복습방법을 배웁니다.

● 노트 필기를 통한 집중력 높이기

좋은 수업태도를 유지하면서 수업 표지판에 따라 중요한 내용을 집중해서 들었다면, 그 내용을 중심으로 나만의 필승 노트를 만들 수 있습니다. 노트를 사용하면 어떤 점이 좋을까요?

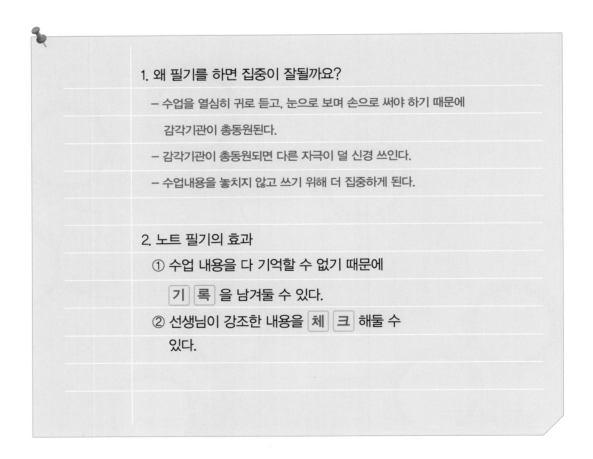

1. 왜 필기를 하면 집중이 잘될까요?

　– 수업을 열심히 귀로 듣고, 눈으로 보며 손으로 써야 하기 때문에 감각기관이 총동원된다.

　– 감각기관이 총동원되면 다른 자극이 덜 신경 쓰인다.

　– 수업내용을 놓치지 않고 쓰기 위해 더 집중하게 된다.

2. 노트 필기의 효과

　① 수업 내용을 다 기억할 수 없기 때문에 기 록 을 남겨둘 수 있다.

　② 선생님이 강조한 내용을 체 크 해둘 수 있다.

| **유 의 점** | IE 과정에서 노트 필기하는 방법에 대해 자세히 다루기 때문에, 이 회기에는 간략하게 필기가 집중력에 어떤 도움이 되는지 소개하도록 합니다.

수업 직후 5분 복습전략

C7
10m

수업이 끝난 직후, 간단한 복습은 수업내용의 이해와 활용에 큰 도움을 줍니다.
다음과 같이 해볼 수 있어요.

의 문 점 의 답을 찾았는지 확인하기

이 해 되지 않은 부분 표 시 하기

중 요 내 용 점검하기

| **유 의 점** | 이 방법은 수업 직후 간단하게 할 수 있는 효과적인 복습방법으로, 이후 심도 있는 복습이 이루어져야 한다는 것도 언급해주십시오.

수업에 집중이 안될 때 해결방법

| 목 표 | 자신이 생각했던 수업 집중을 방해하는 문제와 해결책을 정리할 수 있습니다.

T1
15m

지금까지 수업 전, 중, 후에 집중할 수 있는 방법에 대해 알아보았습니다. 이번에는 실제 수업에서 집중하기 어려운 이유를 생각해보고, 해결할 수 있는 방법에는 어떤 것들이 있는지 정리해봅시다.

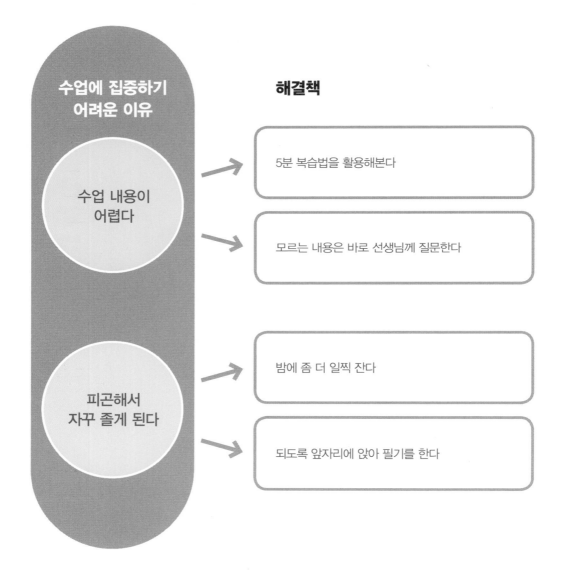

수업에 집중하기 어려운 이유

해결책

수업 내용이 어렵다
→ 5분 복습법을 활용해본다
→ 모르는 내용은 바로 선생님께 질문한다

피곤해서 자꾸 졸게 된다
→ 밤에 좀 더 일찍 잔다
→ 되도록 앞자리에 앉아 필기를 한다

| 유 의 점 | 이 시간에 배웠던 내용을 바탕으로, 수업 집중을 방해하는 문제의 해결책을 생각해낼 수 있도록 개인 또는 조별 토론을 통해 찾아보도록 지도해주십시오.

수업은 학생들이 공부하는 시간 중 가장 많은 부분을 차지하지만, 상대적으로 덜 중요하다고 인식하는 경우가 많습니다. 또, 흔히 알고 있는 것처럼 수업시간 만 중요한 것이 아니라, 수업시간을 잘 활용하기 위해서는 수업 듣기 전-중-후 의 3단계에 걸쳐 충분한 준비를 하고 있어야 합니다.

수업 중 집중력 향상을 위한 수업 듣기 전-중-후 요약

수업 전

1 주 변 정리

2 수업 준 비 물 챙기기

3 예 습 하기

수업 중

1 바른 자세 유지하기

2 수업 표 지 판 에 따라 핵 심 내용 경청

3 노트 필기하기

수업 후

1 의문점의 답 찾고 정 리 하기

2 간단하게 복 습 하기

수업 표지판 찾아보기

– 수업을 들을 때, 선생님들이 중요하다고 강조하실 때 사용하는 말이나 행동에 대해 앞부분에서 다루어보았습니다.
이번에는 선생님의 수업을 집중하여 들으면서 표지판을 찾아봅시다. 우리가 찾았던 표지판들을 실제로 선생님들이
사용하고 계시는지, 우리가 생각했던 것과 다르게 핵심내용을 강조하는 방법은 없었는지 확인하고 적어봅시다.

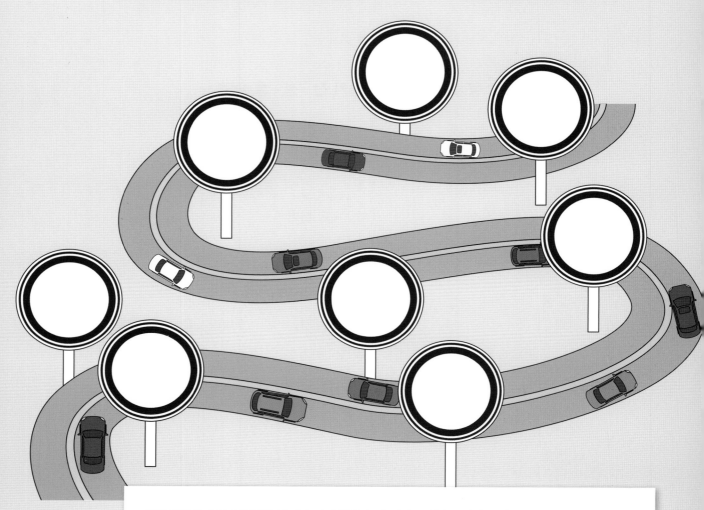

어떤 과목의 수업 표지판을 찾기가 더 수월한가요? 아마도 내가 좋아하는 과목이나 선생님에 따라서
수업 표지판을 더 쉽게 찾게 될 것입니다. 관심을 가지면, 그만큼 신경도 많이 쓰게 되니까요.

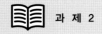 과 제 2

수업 듣기 기술 연습하기

– 이번 주 목표 과목 중 하나를 정해서 수업 전·중·후 동안 해야 할 일을 실천해본 뒤, 아래 체크리스트에 확인해 오세요.

	월	일	과목	확인	도움이 된 점
수업 전		1. 예습하기			
		2. 주변 정리하기			
		3. 준비물 챙기기			
수업 중		1. 바른 자세 유지하기			
		2. 수업 표지판에 따라 핵심내용 경청			
		3. 노트 필기하기			
수업 후		1. 의문점 질문하기			
		2. 복습하기			

▶ 앞서 적은 나의 수업 집중도가 _____%에서 _____%로 변화.
수업 듣기를 적용해 본 소감은?

핵심단어	수업내용 정리

핵심단어	수업내용 정리

핵심단어	수업내용 정리

핵심단어	수업내용 정리

핵심단어	수업내용 정리

핵심단어	수업내용 정리

박동혁

심리학박사
현) 아주대학교 교육대학원 겸임교수
    원광디지털대학 심리학과 초빙교수

– 아주학습능력개발연구실(ALADiN)
– 강남삼성의료원 정신과 인턴
– MBC 자기주도학습캠프
– 한국산업기술재단 연구기획위원회 자문위원
– 서울시 교육청 자기주도학습 프로그램 효과 검증
– 심리학습센터 '마음과배움' 소장
– 허그맘 심리상담센터 대표원장

〈저서 및 연구〉

『최강공부법』(웅진씽크하우스, 2006)
『좋은 공부습관 만들기 워크북』(KPTI)
 램프학습플래너(EBS)
 MLST 학습전략검사(가이던스)
 AMHI 청소년인성건강검사(가이던스)
 KMDT 진로진학 진단검사(진학사)
 LMDT 학습동기검사(진학사)
「학습습관향상 프로그램이 청소년의 학업성취와 정신건강에 미치는 효과」(2000)
「청소년 정신건강의 사회적 요인」(2002)
「대학생 시간관리 행동 척도의 개발과 타당화」(2006)
「예방과 촉진을 위한 청소년 정신건강 모형의 탐색」(2007)

LAMP WORKBOOK
PART 3 CE
집중력 향상 프로그램 (교사용)

2014년 5월 15일 1판 1쇄 발행
2022년 5월 30일 1판 4쇄 발행

지은이 • 박 동 혁

펴낸이 • 김 진 환

펴낸곳 • (주) **학지사**

　　　　04031 서울특별시 마포구 양화로 15길 20 마인드월드빌딩 5층

대표전화 • 02) 330-5114　　팩스 • 02) 324-2345

등록번호 • 제313-2006-000265호

홈페이지 • http://www.hakjisa.co.kr

페이스북 • https://www.facebook.com/hakjisabook

ISBN 978-89-997-0406-2 04370

　　　 978-89-997-0401-7 (set)

정가 **12,000원**

이 도서의 국립중앙도서관 출판시도서목록(CIP)은 서지정보유통지원시스템
홈페이지(http://seoji.nl.go.kr)와 국가자료공동목록시스템(http://www.nl.go.kr/kolisnet)
에서 이용하실 수 있습니다.
(CIP제어번호: CIP2014014440)

출판 · 교육 · 미디어기업 **학지사**

간호보건의학출판 **학지사메디컬** www.hakjisamd.co.kr
심리검사연구소 **인싸이트** www.inpsyt.co.kr
학술논문서비스 **뉴논문** www.newnonmun.com
원격교육연수원 **카운피아** www.counpia.com